に社会を生きる人間

——社会の哲学と倫理学

中山康雄

Nakayama Yasuo

Living Together in Society

Philosophy of Society and Ethics

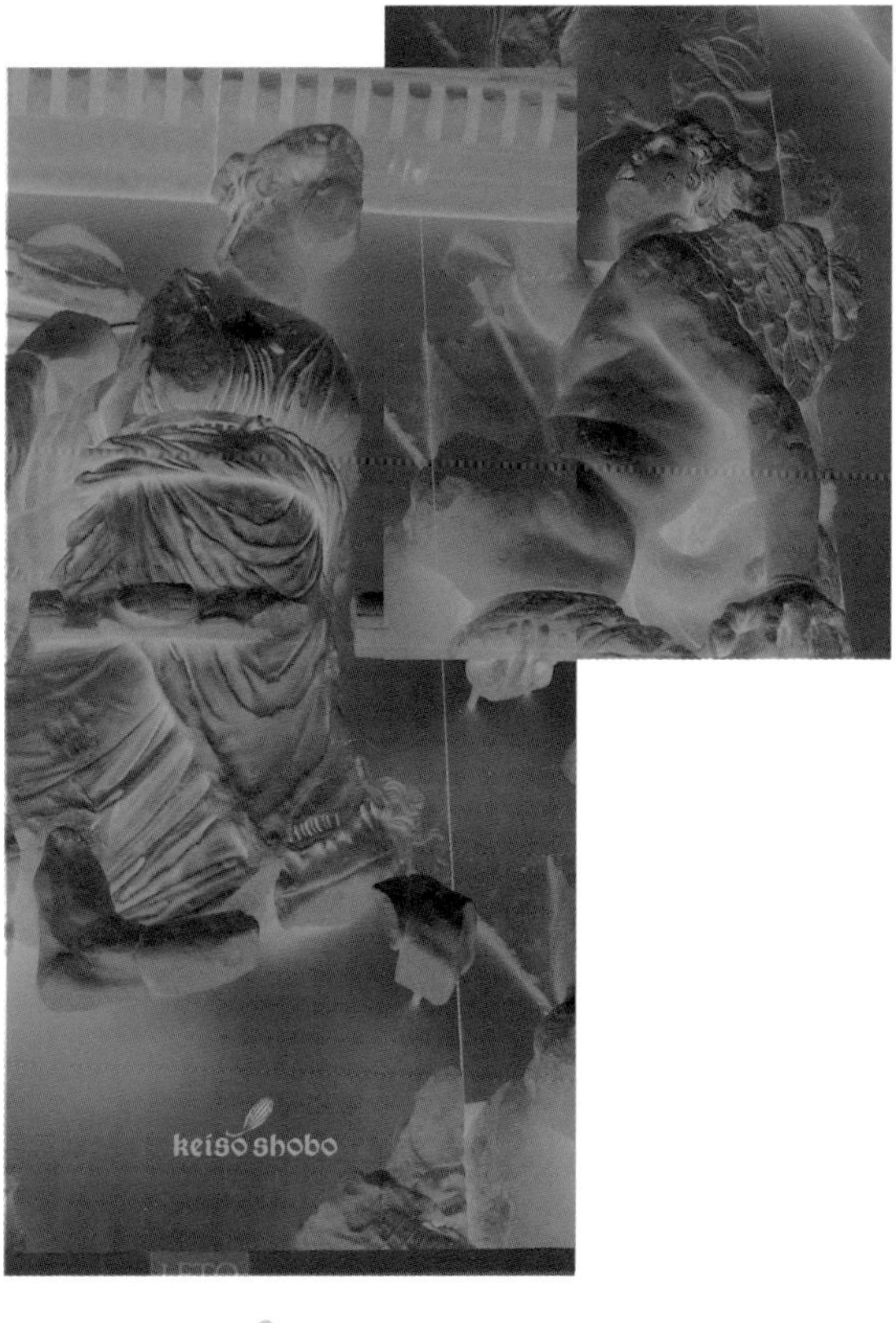

keiso shobo

まえがき

サブタイトルの「社会の哲学と倫理学」にも現れているように、本書では〈社会の哲学〉と倫理学の両方を含んだ領域での哲学的考察を展開する。また本書では、この「〈社会の哲学〉と倫理学を含んだ領域」のことを「実践哲学」と略して呼ぶことにする。この実践哲学の領域では、古代ギリシャから現代にいたるまで活発な研究がなされてきた。言い換えると、哲学では倫理学よりも広い視野の中で、人間の実践的活動の哲学的基盤について考察してきた。本書のアプローチは、このような流れと連続的である。

本書を貫く三つの問いがある。それらは、「人間とは何者か」、「社会組織はどのように構築され、安定するのか」、「私たちはどのように生きればいいのか」という問いである。本書ではこれら三つの問いに対して、私なりの回答を試みたい。そして、これら三つの問いに対する私の回答は、相互に関連性を持ったものとなる。言い換えると、社会を構築できるような人間のモデルを提案することが本書の目論見のひとつとなる。そして本書で提案される人間モデルは、標準的論理学を基盤にして精確に分析可能なモデルである。

本書で中心になる問題のひとつに〈よく生きること〉の問題がある。そして本書では、〈よく生きること〉の問題を〈共によく生きる〉ことの分析を通して明らかにしようと試みる。つまり本書では、共同体の中に生きている個人とそれらの個人から構成される共同体について考察する。

これまで私自身は、倫理学の問題を扱うことはほとんどなかった。拙著『規範とゲーム——社会の哲学入門』（2011）で私は、社会的規範や法的規範の問題を扱った。しかしそこで、道徳的規範の問題について深く考察することはなかった。本書では、私が倫理の問題についてどのように考えているかも示していきたい。しかし私はそれだけでなく、生きることの問題についても同時に考察したい。

〈よく生きること〉の問題は正義の次元だけでは十分に論じきれないと私は思っている。正しく生きることは、本人にとって必ずしも〈よく生きること〉を意味しない。実際、正しく生きることに生きることの意味を見出せない人もいるかもしれない。例えば、ある種の芸術家にとっては、優れた作品を生み出す方に意味があり、それが正しく生きることと結びついていない場合もある。だから本書では、〈正しく生きる〉ことではなく、〈共によく生きる〉ことを私たちが目指すことを提案する。そして、〈共によく生きる〉ことを実現していく過程で〈正しく生きる〉ことも間接的に実現されていくだろう。

〈共によく生きる〉ことは、人類がその誕生以来目指してきたことである。生物種には種を存続させるためのさまざまな戦略があるが、人類がとった戦略は〈共によく生きる〉ことで共同体を維持し、文化や技術を継承し、子孫を育てていくことだった。石器時代の人々は、石器を作る技法を伝承し、協力して狩りをし、食物を分け合って共同生活をおくっていた。このことに見られるように、人類は共同体の中で共に生き、それぞれの役割分担をし、助け合って生きる存在者である。つまり、〈共によく生きる〉ことは生物種としての人類に特有な能力のひとつである。

本書は、拙著『規範とゲーム』と深く関わっている。この著書の中で、法体系などを定式化できる規範体系論理学という枠組みを私は提案した。その後の研究で、この体系に新情報を信念として追加できる動的規範体系論理学を私は提案し、その中でゲームの展開が記述できることを確かめることができた。さらに私は、信念と規範だけでなく欲求も扱うことができる動的〈信念・欲求・義務〉論理学を提案した。このような論理学の枠組みを用いて、複数の人が協力してひとつのゲームをすることを描写できるような行為者モデルを構築できることが最近わかってきた。本書での考察は、これらの研究成果に基づいている。

本書では、この動的〈信念・欲求・義務〉論理学の枠組みを基盤にして行為者モデルを構築するために、自由意志を新たに導入した。『規範とゲーム』ですでに述べたように、信念と義務の範囲が定まれば規範体系が定まり、行為タイプの許容空間が一意に定まる。許容空間は、与えられた状況でどのような行為タイプが許されているかを表す行為タイプの集合である。そして自由意志は、ひとつの行為タイプを選択する能力である。従順な人の自由意志は、与えられた規範体系が定める許容空間中にある行為タイプの中からひとつを選択する。だからこの従順な人のモデルでは、それぞれの状況のもとで許容空間の中から自由意志に基づいてひとつの行為タイプを選択し、それを実行に移すというように行為遂行が記述される。

さらに本書では、これまでの私の研究に基づいて、社会組織や集団的行為の定式化も行われる。集団の中では、規範体系が共有され、役割分担がなされる。集団的行為では、通常、ある目的をなしとげたいという欲求も共有される。こうして合意された役割分担に従ってその集団の構成員たちにそれぞれの義務が発生し、その義務を各構成員がはたしていくことで集団的行為は実行される。また、社会組織の維持には管理システムというその組織の部分システムが重要な役割をはたすことが本書では示される。管理システムは、野球などのゲームにおいても審判団や記録係としてゲームの厳密な遂行を支援するシステムとして現れている。

本書の立場では、行為主体は自由意志に従って行為選択をする主体である。理想的状況では、集団的行為が〈共によく生きる〉という共有された欲求を充たすだけでなく、それぞれの行為主体の実存的充足にもつながる。だから、〈共によく生きる〉ことが成り立つ場面では、個人と共同体の両方の側面から良好な状態が実現されねばならない。本書の見解では、ある規範体系を共同体の構成員たちが受け入れるための根拠は彼らがその共同体で〈共によく生きる〉ことを集団的に欲することにある。つまり、その共同体で受容される規範体系は、共同体の構成員たちが〈共によく生きる〉ことを可能にするようなものでなければならない。

それでは、本書の内容について説明しておこう。本書は2部構成となっている。第Ⅰ部「実践哲学史粗描」では実践哲学の歴史を私の観点から描いていく。そして、第Ⅱ部「行為と社会と規範と自由」では、第Ⅰ部を踏まえたうえで私が構想する〈共生の実践哲学〉を提案する。

第Ⅰ部では、古代ギリシャから現代にいたる実践哲学の展開を粗描する。このとき、倫理学的視点を超えて社会の成り立ちについての考察も重視する。そしてここでも、「人間とは何者か」、「社会組織はどのように構築され、安定するのか」、「私たちはどのように生きればいいのか」という三つの問いを軸にそれぞれの思想を描写していく。この思想紹介にあたっては、それぞれの思想家の著作に寄り添ってなるべく忠実に要点を取り出すという方法をとることにする。つまり、その思想家の考えを解釈するというよりも、彼の発言の意味について私の視点から考えるための材料をまとめておくという手法をとる。第Ⅰ部はあくまで、第Ⅱ部の考察を深めるための準備なのである。

第一章「古代ギリシャの倫理思想」では、ソクラテス、プラトン、アリストテレスというギリシャ哲学の巨匠たちの実践哲学を見ていく。ソクラテスは、正義の実在を主張したが、初期対話篇では登場する論者たちと真剣な論争を繰り広げている。またプラトンは代表作『国家』で、いくつかの国家モデルとそれと対応した人間類型を提案している。そこでプラトンは、人間と国家に関して複数の可能な発展形態について分析している。そしてアリストテレスは『ニコマコス倫理学』で〈抑制のなさ〉の問題を詳細に検討している。この問題は、人間モデルの構造と深く関わり合っており、現実生活で私たちが直面する苦悩と深く関係している。

第二章「近世の社会契約説」では、ホッブズ、ロック、ルソーらによって唱えられた社会契約説を紹介する。社会契約説によれば、平穏な生活の保証を条件に個人が自由の制限を相互に認め、個人に要請される義務を受け入れることによって、国家が成立する。社会契約説は、国家の必要を正当化する代表的な理論のひとつである。この章では、この三人の思想家が提案した社会契約説の間の違いが描き出される。

第三章「近代倫理思想」では、現代においても影響力のある代表的倫理理論の歴史的源泉をたどることになる。そこでは、ヒュームとアダム・スミスの感情倫理学、ベンサムとミルの功利主義、カントの義務論が紹介される。これらはいずれも、倫理思想の古典とみなされている思想である。

第四章「実存主義と共同的主体の倫理学」では、実存主義的傾向のある一九世紀半ばから二〇世紀前半の倫理思想を中心に紹介する。まず、キルケゴール、ニーチェ、ハイデガー、サルトルなどによる生きることについての考察が紹介される。そして、ミルトン・メイヤロフのケアの倫理学、和辻哲郎の共同存在を軸にした倫理学が紹介される。そこでは、個人主義的実存主義から発展したものとして、共同存在を軸にした実存的思想を描く試みがなされている。

そして第五章「現代哲学とその周辺」では、哲学以外の視点から描かれる人間モデルを中心にいくつかのアプローチを取り上げる。フロイトの自我論は、エスと自我と超自我の関わりの中で人間の内面を描こうとしたものである。本書との関連では、外部からの規範と内面的欲求との葛藤の問題を捉えている点でこの自我モデルは示唆に富んでいる。また、生物学的視点から考察した場合の人間モデルや脳科学を基盤にした人間モデルや行動経済学からの人間モデルも紹介する。このように人間については多様な視点から考察できるが、第Ⅱ部の人間モデルの提案ではこの章で議論される多様な視点も視野に入れることを試みたい。

第Ⅱ部では、まず「人間とは何者か」という問いに行為主体の動的モデルを構築することで答えたい。このとき、事実に関する信念と欲求と規範に関する信念を持つ主体として行為者を捉えるとともに、情報を得ることによって信念や欲求が更新されていくという動的モデルを提案する。また、複数の行為者たちは信念や欲求を共有できるとする。そしてこのような行為者モデルを用いて、二人ゲームやチームゲームの発展を精確に記述できることを示していく。さらに、このチームゲームをする能力が、国家や会社などの社会組織の中で集団的行為を遂行しながら生きていくことを可能にする能力でもあることが論じられる。それでは、各章の内容を紹介しておこう。

第六章「行為主体のモデル」では、共同体の中で生きる能力を持つような行為主体のモデルを提案する。そのような行為主体は、事実に関する信念と欲求と規範に関する信念を持ち、自由意志によって行為を選択し実行できるような主体である。また共同体の中では、一部の信念や欲求が共有される。そして、共同体の中で共有される規範が社会的規範ということになる。

第七章「行為主体の動的モデルとゲーム」では、複数の人とゲームを行うことができるような行為主体のモデルが提案される。このような行為主体は、信念や欲求を更新できるような主体となる。そして行為主体は、それぞれの状況で許された行為タイプの集合から自分が勝つ見込みのあるような行為タイプを選択してそれを実行に移していくことになる。また、このような動的行為主体モデルはヴィトゲンシュタインが導入した言語ゲームを実行できる主体のモデルともなる。

第八章「行為主体にとっての情報の顕在化」では、欲求間での矛盾、欲求と規範体系の間での矛盾、複数の規範体系間の矛盾に対する対処の仕方がテーマとなる。またこの章では、アリストテレスが指摘した意志の弱さの問題が議論される。これらの問題を解くための私の提案は、情報には潜在的なものと顕在的なものがあるとすることである。こうして、心的葛藤の状況下では一部の情報が顕在化しないことで行為遂行に影響をおよぼさないことになる。この第六章、第七章、第八章では、「人間とは何者か」という問いに答えることを試みている。

第九章「社会的事実と社会組織」では、社会的事実、集団的行為、社会組織、国家などの概念の説明が試みられる。また、サールの社会存在論の紹介とこの理論への批判が私の立場からなされることになる。そして、社会組織の構築や持続を記述するために、権利、役割、権限という三つの概念を取り出し、これらを規定する。さらに、社会組織存続において管理システムが重要な役割をはたしていることを示していく。この第九章では、「社会組織はどのように構築され、安定するのか」という問いに答えることを試みている。

そして第十章「共生の実践哲学」では、〈よく生きる〉ことが〈共によく生きる〉ことを目指すことで間接的に実現されるという考えが説明される。ここでは、〈共によく生きる〉ことを目指すことが倫理思想の基盤となりうることを指摘することになる。この第十章では、「私たちはどのように生きればいいのか」という問いに答えることを試みている。

なお本書では、厳密性よりもわかりやすさと統一性を重視した。厳密な記述に興味のある方は、文献表にあげられている私の研究論文を参考にしていただきたい。

共に社会を生きる人間

社会の哲学と倫理学

目次

目　次

まえがき

I　実践哲学史粗描

第一章　古代ギリシャの倫理思想……3
1　ソクラテスの挑戦　3
2　プラトンの倫理思想　12
3　アリストテレスの倫理思想　18
4　古代ギリシャの倫理思想に関する考察　25

第二章　近世の社会契約説……29
1　ホッブズの倫理社会思想　30
2　ロックの倫理社会思想　38
3　ルソーの倫理社会思想　43

4 社会契約説に関する考察 47

第三章 近代倫理思想……51

1 感情倫理学 51
2 功利主義 57
3 カントの実践哲学 63
4 近代倫理思想に関する考察 68

第四章 実存主義と共同的主体の倫理学……75

1 実存主義の誕生 76
2 二〇世紀の実存主義 81
3 共同的実存 84
4 和辻哲郎の倫理学 88
5 実存主義的アプローチに関する考察 97

第五章　現代哲学とその周辺……101
1　フロイトの自我論　101
2　共同存在の生物学的基盤　106
3　行為主体のモデルとしての二重システム論　110
4　現代的人間像に関する考察　116
5　最近の倫理学の動向　119

II　行為と社会と規範と自由

第六章　行為主体のモデル……129
1　行為主体の心の構造――〈信念・欲求・義務〉論理学の提案　129
2　〈信念・欲求・義務〉論理学の特性　135
3　行為主体と自由意志　138
4　行為主体の存在論　144

5 社会的規範と宗教 148

第七章 行為主体の動的モデルとゲーム……153

1 行為主体の動的モデル 153
2 行為主体の動的モデルを用いたゲームの記述 157
3 チームゲームの分析 163
4 言語行為の分析 170
5 言語ゲームと行為主体 173

第八章 行為主体にとっての情報の顕在化……179

1 行為主体のジレンマ 179
2 顕在化の論理的分析 185
3 行為主体の心の記述 188
4 選択と自己形成 192

第九章　社会的事実と社会組織……205
1　規範体系と社会的事実　205
2　集団的行為と規範体系　211
3　社会組織の成立　214
4　国家の構造　217
5　サールの社会存在論との比較　224
第十章　共生の実践哲学……229
1　共生の意味と実践　229
2　共生と実存　235
3　共生と内部からの視点　240
4　共生による持続　243
5　規範倫理学と共生の実践哲学　246
註　255

あとがき　267
文献一覧
事項索引
人名索引

I　実践哲学史粗描

これまで提案されてきた道徳理論の多くは、「人間とは何か」という問いに対する特定の考えを前提し、これを踏まえて異なった道徳理論の提案にいたっている。しかし現在、この事実はあまり注目されず、それぞれの倫理思想を直接に比較して論じられることが多い。これに対し本書では、道徳の問題を考えるにあたって、この「人間とは何か」という問いを重視したい。というのも、神経科学や精神医学などの発達によって、現代における人間理解は過去のもの（つまり、古代、中世、近世の人間理解）から変質してきていると私が思うからである。

なおそれぞれの倫理思想の紹介に関しては、思想家の言葉をなるべく直接に表す方法をとっている。それは、それぞれの思想家が何を考えていたかを確実に把握したいと思うからである。(1) またそれらの思想家は、私の限られた関心に限定されて描かれている。そして各章の最終節で、各章の考えをまとめるとともに、私の観点からの批判的検討を加えることにする。

第一章　古代ギリシャの倫理思想

この章では、ソクラテス（Socrates, B.C.469-B.C.399）とプラトン（Plátōn, B.C.427-B.C.347）とアリストテレス（Aristotelēs, B.C.384-B.C.322）という古代ギリシャ哲学の巨匠たちの倫理思想を見ていく。特に、彼らがどのような人間モデルを想定していたかということに注意を向けたい。

1　ソクラテスの挑戦

ソクラテスは自らの著作を残しておらず、ソクラテスの言説は彼を登場人物とする作品群を通して私たちに伝えられているのみである。そして、現在残されている作品は当時書かれたソクラテスについての著作の一部にすぎない。ソクラテスは、アテナイの民主制国家の中で不敬神の罪で告発され、死刑判決を下され、自ら命を絶っている。ソクラテスの弟子の一人であったクセノフォン（Xenophon）

が著した『ソクラテスの想い出』に、ソクラテスに対する告訴状の内容が次のように記されている――「ソクラテスは、ポリスの信ずる神々を信ぜず、別の新規な神霊《ダイモーン》のようなものを導入することのゆえに、不正を犯している。また、若者を堕落させることのゆえに、不正を犯している」〔納富 2017: p. 155〕。ソクラテスは、この不当な告訴に対して公開裁判で反対弁論を行ったが、死刑の判決が下され、自ら死を選んだ。

ここでは、初期プラトンの著作『ゴルギアス』にそって、そこで表現されているソクラテスの倫理思想について紹介したい。というのも、この著作ではソクラテスの倫理思想が把握しやすい形で鮮明に描かれているからである。

対話篇『ゴルギアス』の概略

この対話篇のタイトルで言及されているゴルギアス（Gorgias, B.C.487–B.C.376）は、当時ギリシャで有名だった弁論術の大家である。この対話篇は、三部構成で、その前後にプロローグとエピローグが加えられていると解釈できる。ここではこの対話篇の概略を簡単にまとめておこう(1)。

（1a）〔プロローグ〔447A–449C〕〕アテナイを訪問中の高名な弁論家ゴルギアスがある公共の建物で講義をしていることを伝え聞いたソクラテスが、弟子とともにその場に駆けつける。ここでソクラテスは偶然、知り合いのカリクレスと出会う。そして、ゴルギアスと彼の弟子のポロスにソクラテスは「ゴルギアスは何者であるか」と問う。

（1b）［第一部　ソクラテスとゴルギアスの対話〔449C-461B〕］ソクラテスはまず、ゴルギアスが弁論家であり、弁論術の教師であることを確認する。そしてソクラテスは最終的に、「弁論家は、事柄そのものが実際にどうであるかを、少しも知る必要はないのであって、ただ、何らかの説得の工夫を見つけ出して、ものごとを知らない人たちには、知っている者よりも、もっと知っているのだと見えるようにすればよい」〔459B-C〕という結論をゴルギアスの見解として引き出す。

（1c）［第二部　ソクラテスとポロスの対話〔461B-481B〕］この対話の中でポロスは、弁論家こそ国家における一番の実力者だと主張する。ポロスによれば、弁論家は、独裁者と同様に、死刑、財産没収、追放など、何でも自分の思いどおりにすることのできる人間である。これに対しソクラテスは、自分の思いどおりのことをしていても必ずしも自分が望んでいることにはならないことを示そうとする。

（1d）［第三部　ソクラテスとカリクレスの対話〔481B-522E〕］カリクレスは、人間にも動物にも成り立つ〈自然の正義〉があると主張する。この自然の正義によって、強者が弱者のものを力ずくで持ち去り、優者が劣者を支配し、より多くを持つことをカリクレスは正当化しようとする。ここでソクラテスは、「優者」と「強者」の意味を問い、これに対しカリクレスは、国家公共の事柄に関してより思慮のある者のことだと答える。そしてソクラテスは、真の弁論家ならば、同胞の市民たちの心のなかに規律と秩序をもたらして、正義や節制の徳をそなえさせることを目指すべきだということを示そうとする。

（1e）［エピローグ〔523A-527E〕］最後にソクラテスは、ある物語を語って、自分が勧める生き方が、この世だけでなく、あの世でも有利であることを明らかにしようとする。

この対話篇の中で、ポロスとカリクレスとソクラテスはそれぞれに異なる三つの人間モデルを前提にして議論している。ポロスは、社会通念を無批判に受け入れ、通俗的価値基準を前提にして議論している。これに対しカリクレスは、〈自然の正義〉の存在を主張し、それによって優者による支配を正当化しようとする。(2) そしてソクラテスは、理想主義者であり、正義や徳の存在を信じ、この信念に従って行動している。第三部の最終部分では、民衆の魂の世話をしようとする自分の活動が民衆にまったく理解されず、大衆の中に激しい反発を生むという可能性を受け入れつつ、なお正しい活動を貫いていくというソクラテスの覚悟も表現されている。

正義をめぐるポロスとの論争

ポロスとの論争には、正義をめぐるソクラテスの考察が表現されている。(1c) でまとめたように、弁論家は何でも自分の思いどおりにできるとポロスは主張している。彼の人間理解に従えば、思いどおりに何でもできる人ほど幸福である。これは、ある種の快楽主義の主張である。これに対しソクラテスは、思いどおりのことをできる人が幸福とは限らないことを次のように論証する。

(2a) [行為の目的] 人は、そのときしていることを望んでいるのではなく、その行為の目的となっているもののほうを望んでいる。〔467E, 468B–C〕

（２ｂ）〔目的としての善〕人は、善いことのために何かをする。〔468A-B〕

（２ｃ）〔望むこと〕自分の思いどおりのことをしても、それがほんとうは悪いことだとしたなら、自分の望んでいることをすることにはならない。〔468D-E〕

（２ｄ）〔不正〕人に不正を行うのは、最大の害悪である。〔469B〕

（２ｅ）〔正義〕人が正義に従って行為を行う場合はよいのであり、反対に、不正な仕方でなすときには害となる。〔470C〕

（２ｆ）〔幸福〕立派な人が幸福であり、反対に、不正で邪悪な人は不幸である。〔470E〕

（２ｇ）〔不幸〕不正を行っていながら裁きも受けず罰にも処せられない人は、裁きを受けて罪の償いをした人よりも、もっと不幸である。〔472E〕

ソクラテスは、行為がそのときどきの目的のためになされることをポロスに対して指摘する〔（２ａ）〕。このことによって、ソクラテスはポロスとの議論をさらに深めていく。そして（２ｂ）でソクラテスは、目的と善とが一致することを主張する。私はここで、〈主観的な意味での善〉と〈絶対的な意味での善〉を区別することを提案したい。というのも、ポロスは、〈主観的な意味での善〉と行為の目的との一致を快楽主義者として認めるだろうが、〈絶対的な意味での善〉は存在しないと主張して価値の相対主義を唱えるだろうからである。一方ソクラテスは、〈絶対的な意味での善〉の実在を認めている。だから基本的に両者の考察は、ここですれ違っている。

自然の正義と快楽に関するカリクレスとの対話

ポロスとの論争が終わった後、政治家を目指すカリクレスがソクラテスと対話する。カリクレスはまず、ソクラテスに対して批判的な持論を展開する。ここでは、この対話の要点を紹介しよう。最初にカリクレスは、動物と人間の連続性の観点から次のような説を述べる。

（3ａ）〔カリクレスが考える〈自然本来のあり方〉〕自然本来のあり方から考えるなら、優秀な者は劣悪な者よりも、また有能な者は無能な者よりも、多く持つことが正しい。〔483C–D〕

（3ｂ）〔カリクレスが考える〈自然の正義〉〕自然の正義とは、強者が弱者のものを力ずくで持ち去り、優者が劣者を支配し、そして立派な者が下らない者よりも多くを持つということである。〔488B〕

カリクレスの主張は、粗削りではあるものの、アメリカのような資本主義社会を中心に限定的に実践されてきたことと一致していると言っていいだろう。例えば野球の大リーグなどでは、実績のある選手や将来有望な選手には高額の年俸が支払われる。また、企業や官僚組織においても重要な役職についている人ほど給料は高い。

ソクラテスは、カリクレスの主張に対して、次のような論点をあげて反論している。

（4ａ）〔多数の人〕多数の者は一人よりも、自然本来において、より強い。〔488D〕

（４ｂ）〔多数の人たちによる立法〕多数の者の定める法規は、より強い人たちの定める法規であり、より優れた人たちの定める法規である。〔488D–E〕

ソクラテスによる（４ａ）の反論は、一人の人間をどのように評価するかという問題については適用できない。だから、（４ａ）の反論は一人の優者と一人の劣者の間の評価の問題に対しては効力を持たない。また（４ｂ）の反論も、民主制を前提としたものであり、一般的に成り立つとは言えないだろう。言い換えると、ソクラテスの反論は決定的なものではないように私には思われる。

ソクラテスの反論を受けて、カリクレスは立場を少し変えることになる。

（５ａ）〔カリクレスによる「自然の正義」の再規定〕一人でも思慮のある者なら、万人の思慮のない者たちよりも、より強い。そして、この思慮のある者が支配し、他の思慮のない者たちは支配されるべきであり、また、支配する者は支配される者たちよりも多く持つべきである。〔489D–490A〕

（５ｂ）〔カリクレスによる「強者」の再規定〕優者や強者というのは、国家公共の事柄に関して思慮があり勇気のある人たちのことである。そのような人たちが国家を支配することこそふさわしい。そして正義とは、支配する人たちが支配される人たちよりもより多く持つということである。〔491C–D〕

（５ｃ）〔カリクレスによる徳の規定〕贅沢と放埓と自由とが、背後の力さえしっかりしておれば、

人間の徳（卓越性）であり、幸福である。〔492C〕

（5d）［カリクレスによる快と善の把握］快と善とは同じものであるが、知識と勇気とは相互に別のものであり、それらは善とも別のものである。〔495D〕

カリクレスの立場は、快楽主義の一種だと言っていいだろう。これに応答するソクラテスの見解は、次のようにまとめられる。

（6a）［ソクラテスによる快と善の把握］快と善とは別のものである。〔500D〕

（6b）［ソクラテスによる徳の把握］魂の規律や秩序に対しては、「法にかなった」とか「法」とかいう名前がつけられている。そしてそのことによって人々は、法に従う人にも、また節度のある人にもなる。また、そういう状態にあることが正義の徳であり、節度の徳である。〔504D〕

（6c）［魂］魂が劣悪な状態にあるかぎり、つまり無思慮で、放埒で、不正で、そして不敬虔なものであるかぎりは、そういう魂には欲望の満足を禁じるべきであり、そして、その魂がよりすぐれたものになるのに役だつこと以外は、何ごとも勝手にさせないようにすべきである。〔505B〕

（6d）［共同］天も地も、神々も人々も、これらを一つに結びつけているのは、共同であり、また友愛や秩序正しさであり、節制や正義である。〔508A〕

このようにソクラテスは、魂が秩序づけられていることが節度の徳であり、自由放埒は徳ではないとして、快楽主義を批判する。しかしここでも、カリクレスとソクラテスはすれ違っている。カリクレスにとって、人間と動物は連続的であり、このことを否定することはできない。これに対しソクラテスは、身体とは独立した魂の存在や不死性を認めた立場から議論している。

ソクラテスが前提とする人間モデル

ここで、ソクラテスがどのような人間モデルをもとに活動しているのかを、『ゴルギアス』の中での対話をもとにして再構成してみたい。

ソクラテスが唱える説では、現実的人間像と理想的人間像が分離している。これに対し、ゴルギアスやポロスやカリクレスが主張する立場では、現実的人間像だけが肯定され、理想的人間像は何の役割もはたしていない。彼らは、快楽主義が人々に行き渡っていることを前提にし、そしてこの状態を肯定的に捉えている。つまり、彼らが描写する現実の人間は快楽主義的原理に基づいて活動している。そして彼らは、このような状況を積極的に肯定して、自らの考察の出発点としている。

ソクラテスは、アテナイに住む人の多くが快楽主義的原理に基づいて行動していることを認めているように思われる。つまり、一般の人々の多くもカリクレスのように快が善と同一であると勘違いしているとソクラテスは思っている。しかし、ソクラテスには理想的人間像があり、自らもこの人間像を目指して活動している。そして、この理想的状態こそソクラテスにとっては善なのである。ソクラテスにとっての理想的人間は、正義に従い、勇気を持ち、節度を持って行動する有徳の人である。さらにソクラテスは、アテナイの人々に対してこの理想的人間像を目指して行動するよう働きかけ続けた。そして、この活動がもとでソクラテスは訴えられ、死刑判決を受けたのだった。

ここで、〈共によく生きる〉という視点から三人の主張を見ておこう。ポロスやカリクレスがとる快楽主義では、ある行為者が快の状態に達したとしても、他の人たちの幸福とは関係しない。つまり、快楽主義は〈共によく生きる〉ことを保証しない。ときには、ある個人の快楽の実現が他の人の幸福を妨げることも可能である。これに対し、（６ｂ）や（６ｄ）で示されているように、ソクラテスの生き方は〈共によく生きる〉ことを目的とするものである。つまり、ソクラテスの正義論には、快楽主義とは異なり、公共的視点が含まれている。

2　プラトンの倫理思想

プラトンは中期の著書である『国家（Politeia）』において、ひとつの人間モデルを提案し、それに基づいて五種の生き方の類型化を行った。そしてプラトンは、この提案を「幸福になるには正しい人にならなければならない」という倫理思想と結びつけて議論している。この考えは、「正しい人は幸福であり、不正な人は不幸である」という『ゴルギアス』で提案されたソクラテスのテーゼを受け継いだものである。

魂三部分説

プラトンはまず、理想的国家が三階層をなすということを示そうとする。そして魂もこの理想的国

家と相似の三つの部分に区分できると論じる。(3)

（７ａ）〔理想国家〕理想国家は、支配者層と軍人層と労働者層から成っている。そして支配者層と軍人層は守護者階層に属する。国家の支配者は、国民の利益を図って国家を管理・運営する者である。〔371A-375A, 414B〕

（７ｂ）〔理想国家と幸福〕理想国家は、少数の人たちだけが幸福な国家ではなく、全体が幸福な国家である。〔420B-421C〕

（７ｃ）〔魂三部分説〕理想国家と同様に、魂は三つの部分に分割される。それらは、理性的部分と気概的部分と欲求的部分である。理性的部分は、われわれが理にしたがって知る部分である。気概的部分は、怒り、気概、恥などを感じる部分である。欲求的部分は、食欲、性欲などの身体的欲望を感じる部分である。〔434C-441C; 中畑 2011: p. 246〕

（７ｄ）〔欲求的部分と理性的部分は異なる〕のどが渇いているのにある理由で目の前の飲み物を飲もうとしない人のことを考えてみよう。この人の魂のうち、飲むことを欲求するものは欲求的部分であり、ある理由に基づいて飲むことを妨げているのは理性的部分である。〔439C-D〕

（７ｅ）〔気概的部分と欲求的部分は異なる〕死刑が執行され死体が横たわっていると気づいた人が、見たいという欲求とこの欲求を抑える嫌悪の気持ちが戦っていたが、ついに自分の欲求に負けて死体を見てしまったときに自分に対する怒りがこみあげてきた。〔439E-440B〕

（７ｆ）〔気概的部分と理性的部分は異なる〕生まれてまもない子どもは、怒ることもあるので魂の

気概的部分は持っている。しかし、このような子どもは魂の理性的部分はまだ持っていない。〔441A–C〕

理性的部分は考察に従って行為意図を形成する部分、欲求的部分は欲求に従って行為意図を形成する部分、そして、気概的部分は情動に従って行為意図を形成する部分と言い換えることができるだろう。

五種の国制と五種の人間タイプ

プラトンは、国家の五つの政治体制のタイプを提案する。それらは、最善者支配制、名誉支配制、寡頭制、民主制、僭主制である。

（8 a）［最善者支配制］支配者層が労働者層を支配するのを軍人層が補佐するという体制が、三階層の合意に基づいて確立されている。〔433A–434D〕最善者支配制は、理想国家の国制である。〔544C–E〕

（8 b）［名誉支配制］名誉支配制は、国家支配という観点から言えば、軍人層が支配する国制である。〔547C–D〕

（8 c）［寡頭制］寡頭制とは、財産の評価にもとづく国制のことである。つまり、金持ちが支配し、貧乏人は支配にあずかることのできない国制のことである。〔550D〕そして、寡頭制の支配者は、

支配層に属するための基準資産評価額を超える資産を所有している者である。〔天野 2006: p. 125〕

（8d）［民主制］民主制国家は、行為の自由と言論の自由に満ちている。また民主制は、支配者のいない無規律・無規制・無秩序な国制であり、素質や能力などが等しくない者たちにも均一に平等を分配する国制である。〔557B–558C〕

（8e）［僭主制］僭主は、みせかけの報酬と粛清を通して自分と親衛隊による支配をたくみに確立させる。〔566D–569C〕

プラトンが国制を論じるのは、〈共によく生きる〉ためには政治的条件が充たされる必要があると考えているからである。さまざまな資質と能力を持つ人々が住む都市国家において正義が実現されるためには理想的国家が実現される必要があると、プラトンは論じているのである。

次にプラトンは、国制の五タイプと同様な形で人格の五タイプを区別できると主張する〔544D–E〕。これらの五つの人格モデルを要約しよう。

（9a）［正しい人］正しい人とは、理性的部分が知恵によって気概的部分と欲求的部分を支配し、気概的部分と欲求的部分が従順に支配に服しているような人である。〔442C–443B〕

（9b）［名誉支配制的人間］魂の理性的部分が欲求的部分および気概的部分と葛藤し、支配権が気概的部分にゆだねられて名誉支配的人間になる。〔548E–550C〕

（9c）［寡頭制的人間］寡頭制的人間は、金銭欲が強い。魂の欲求的部分が支配の座につき、理性的部分と気概的部分はもっぱら、金もうけのために働かされることになる。〔553A-E〕寡頭制的人間は、金銭を最も重視し、倹約家で働き者であり、〈必要な欲求〉のみを満たし、〈必要でない欲求〉は無駄なものと思っているので贅沢はせず、金を稼げるだけ稼いで蓄財する。〔554A-B〕

（9d）［民主制的人間］民主制的人間は、生きるのに〈必要な快楽〉にも〈必要でない快楽〉にも等しく金や労力や時間をつぎこむ。彼は日々、そのつど生じた欲求に身をゆだねる。民主制的人間の生き方には、秩序も必要性もないが、そのような生き方を「楽しい」とか「自由」とか「幸福」と呼んで、民主制的人間は生涯そのような生活をおくる。〔561A-E〕

（9e）［僭主制的人間］僭主制的人間は、〈必要な欲求〉だけでなく、〈ノモスに反する欲求〉までをも満たそうとする。そのため僭主制的人間は、お祭り騒ぎや乱痴気騒ぎや酒盛りや遊びにうつつを抜かす。そしてときには、財産を食いつぶしたり、人を殺したり、などというように、どんな大胆なこともやろうとする。〔573D-575A〕

（9f）［ノモスに反する欲求］〈必要でない欲求〉には、〈ノモスに反する欲求〉が含まれている。ところで、ここで言うノモスとは法律や社会的慣習のことである。〈ノモスに反する欲求〉は、魂の理性的部分が眠って廉恥心もなくなり、野獣的な欲求的部分と野性的な気概的部分が本能を満たそうとするときに現れる。〔571B-D〕

ここに見られるようにプラトンは、欲求を〈生きるのに必要な欲求〉と〈生きるのに必要でない欲求〉に分け、さらに、〈生きるのに必要でない欲求〉の中には〈ノモスに反する欲求〉が含まれてい

るとしている。〈ノモスに反する欲求〉は、犯罪や社会を害する行動のひとつの要因と考えられる。(4)

プラトンはもちろん、正しい人の生き方を優先することになるが、これら五形態の人格描写はそれ自身としてもよくできたものである。そして、よく生きることの意味を、倫理的にだけではなく、実存的な意味でも捉えた場合、これらの五形態の人生はそれぞれ理解可能なものになるだろう。

次にプラトンは、正しい人は幸福であるという彼の幸福論へと向かう。

（10ａ）［正しい人の幸福］最もすぐれていて最も正しい人間が、最も幸福である。〔580C〕正しい人は、理性的部分の働きによって魂全体がよい状態になるよう気を配る。そのような人は、健康と節制をよく保ち、欲求的部分と気概的部分が常に良好な状態に保たれるよう配慮する。〔571D–572A〕

（10ｂ）［不正な人の不幸］最も劣悪で最も不正な人間が、最も不幸である。〔580C〕不正な人は、自分自身を支配することができない。〔579C〕そして彼は、全生涯を通じて、恐怖に満たされ、震えと苦しみに満たされて過ごすことになる。〔579E〕

正しい人は、さまざまな欲求の調整ができる人である。そのため正しい人は、そのときどきの状況に応じて適切な行動をとることができる。これに対し不正な人は、どのような状況でも自分の欲求を優先させる人である。だから、与えられた状況を自分の行動でさらに悪化させてしまうこともあるだろう。また、不正な人は社会規範を無視するため、犯罪をおかしたり他者を傷つけたりすることも容易になしうる。

3　アリストテレスの倫理思想

アリストテレスは、トラキア地方のスタゲイロスに生まれたが、一七歳頃プラトンが主催する学園アカデメイアに入学した。そして、プラトンが死ぬまでの二〇年近くの間、はじめは学生として、後には研究者としてアカデメイアで勉学・研究に励んだ。プラトンの死後アリストテレスは、アテナイを離れて遍歴するが、四九歳頃アテナイにリュケイオンという新たな学園を開設し、哲学や関連する学問を教えた。

アリストテレスの人間理解

倫理学は実践哲学に属するが、アリストテレスは他の領域での自分の研究を前提にして『ニコマコス倫理学』で〈よく生きる〉ことの議論を進めている。ここでは『ニコマコス倫理学』をもとにして、アリストテレスが人間をどのようなものとして理解していたかを見ていこう。

アリストテレスによれば、自然は階層構造をなしており、人間は自然の階層に属している。図1-1において、上位の層はその存在を下位の層の存在に依存している〔菅 2016: p. 33〕。人間と動物は、人間固有の機能である理性によって区別される。しかし人間は、下位の層の存在物の機能をすべて持っている。つまり人間は、物質から成り、植物と同様に栄養を摂取する能力や生殖能力を持ち、動物

図1-1　アリストテレスによる自然の階層構造

〔菅 2016: p. 33〕

と同様に感覚能力や運動能力を持っている〔第一巻第七章、1097b30–1098a20〕。

アリストテレスによれば、人間には次のような特性が含まれている[5]。

（11ａ）〔魂と身体〕人間は、魂と身体の結合体である。

（11ｂ）〔魂の性向〕魂の性向には、五つのものがある。すなわち、技術（tekhnē）、学問的知識（epistēmē）、思慮深さ（phronēsis）、知恵（sophia）、知性（nous）の五つである。〔第六巻第三章、1139b10–20〕

（11ｃ）〔人間と動物〕人間は、動物の一種であり、感覚能力と運動能力を持っている。

（11ｄ）〔理性〕理性（logos）は、動物の中で人間だけが持つ特性である。つまり、人間は理性的動物である。

アリストテレスが〈よく生きる〉ことをどのように論じたかを見るためには、いくつかの基礎概念を明確化しておく必要がある。

（12ａ）〔行為の目的〕多くの行為には目的がある。そして、その行為にともなう活動そのものが目的であることもあれば、その行為の成果が

目的であることもある。〔第一巻第一章、1094a1–10〕
（12b）［善］人間にとっての善とは、徳（卓越性）に基づく魂の活動である。そしてもし徳が二つ以上だとしたら、もっとも善く、かつもっとも完全な徳に基づく魂の活動が人間にとっての善となる。〔第一巻第七章、1098a10–20〕
（12c）［最高善］最高善とは、われわれがそれ自身のために営み、ほかの事柄をそれのゆえに望むような目的である。〔第一巻第七章、1097a20–b1〕
（12d）［幸福］幸福は、完結しており、自足している。だから幸福は、最高善である。〔第一巻第七章、1097b20–24〕
（12e）［自然本性的快楽］自然本性的に快いものは、徳に基づいた活動であり、それゆえ、徳に基づいた活動は、徳を愛する人々にとって快く、それ自身としても快い。〔第一巻第八章、1099a10–20〕
（12f）［二種類の徳］徳には、知的な徳（dianoētikē aretē）と人柄の徳（ēthikē aretē）がある。そして、知恵や物わかりや思慮深さ（phronēsis）が知的な徳であり、気前良さや節制が人柄の徳である。〔第一巻第一三章、1103a1–10〕

このようにアリストテレスは、目的という概念を基盤にして行為を分析する。また、アリストテレスは（12c）で最高善の存在を前提にして議論している。しかし、目的システムが秩序立っていない場合には、最高善が不在なこともありうるだろう。

抑制のなさの問題

〈抑制のなさ〉の問題というのは、「人が自ら正しく考えながら、それにもかかわらず抑制のない行為をするということがどうして起こりうるか」という現象に関する問題である〔第七巻第二章、1145b20-30〕。アリストテレスによれば、ソクラテスは抑制のなさはありえないと主張している。なぜソクラテスがそう主張するのかというと、「最善の事柄を考えながら、それに反して行為する人などありえず、もしそうした行為が為されるとすれば、それは行為者の無知による」とソクラテスが考えるからである〔第七巻第二章、1145b20-30〕。しかしこの回答は、知識という概念を不当に厳しく限定しているのではないだろうか。アリストテレスは、この問題をより詳細に分析する。

（13ａ）〔行為の始まり〕行為の起動因は、行為者による選択である。〔第六巻第二章、1139a30-40〕

（13ｂ）〔選択の始まり〕選択の始まり（アルケー）は、欲求と目的に向かう理性の働きの両方である。〔第六巻第二章、1139a30-40〕

（13ｃ）〔節制の人〕節制の人は、理性に従って行為選択を行う。そのような人は、自らの理性の選択にとどまり、感情によってそれらにそむくことがない。〔第七巻第八章、1151a20-30〕

（13ｄ）〔放埒な人〕放埒な人は、選択したうえで身体的快楽に溺れる。〔第七巻第四章、1148a1-10〕

（13ｅ）〔抑制のない人〕抑制のない人は、選択せずに身体的快楽に溺れる。〔第七巻第四章、1148a10-20〕

（13ｆ）〔欲望と激情〕抑制のなさには、欲望に関わるものと激情に関わるものがある。〔第七巻第

六章、1149b20-30〕

（13g）〔衝動と弱さ〕抑制のなさには、衝動によるものと弱さによるものがある。衝動のために抑制のない人は、思案しなかったために感情に突き動かされる。弱さのために抑制のない人は、思案したのに、感情に駆られてその思案した結果にとどまることができない。〔第七巻第七章、1150b15-25〕

抑制のなさは、私たちが日常でよく経験することである。アリストテレスによれば、抑制のなさは衝動によるものと感情からの影響によるものがある。そしてアリストテレスにとって、人間固有の特性である理性に従って行為選択することがよい決断となる。それが、徳に基づく魂の活動であり、幸福につながる行為ということになる(6)。

幸福についての結論

『ニコマコス倫理学』は、「幸福とは何か」という問いからはじまり、この問いに答える形で終わっている。この結論部をここでまとめておこう。

（14a）〔幸福な人生〕幸福な人生は、徳に基づくような人生である。〔第十巻第六章、1177a1-10〕

（14b）〔観想〕観想的な活動とは、学問的・理論的にものを考える活動のことであり、知恵（sophia）の徳を発揮する活動のことである。〔アリストテレス 2016: p. 401, 訳者註3〕

（14ｃ）［観想と幸福］観想的な活動は、完全な幸福である。〔第十巻第七章、1177a10-20〕
（14ｄ）［快楽］徳に基づく活動のうち知恵による活動がもっとも快い。〔第十巻第七章、1177a20-30〕
（14ｅ）［知性］人間にとって知性に基づく生活こそもっとも善く、もっとも快い。〔第十巻第七章、1178a1-10〕
（14ｆ）［二次的な幸福］知性以外の徳に基づく生活は、二次的な意味で幸福である。〔第十巻第八章、1178a5-10〕
（14ｇ）［神の活動］神の現実的活動は、観想的活動である。〔第十巻第八章、1178b20-30〕

アリストテレスによれば、幸福は活動であり、完結しており、自足している〔（12ｄ）〕。そして、徳に基づく行為はそれ自体で望ましい活動である〔第十巻第六章、1176b1-10〕。そこで、「幸福な人生は徳に基づく人生である」〔（14ａ）〕という結論が得られる。

法と政治

『ニコマコス倫理学』の最終章である第十巻第九章は、法と政治について論じている。というのも、幸福に生きることを多くの人が実現するためには倫理学の力だけでは不十分だとアリストテレスが考えているからである。こうして、この最終章での議論は急に現実的なものになる。言葉による説得ではなく法に基づいた強制によって多くの人々が影響されることを、アリストテレスは冷静に受け入れている。

（15ａ）〔議論による説得の限界〕議論には、若者のうち自由人の資質にあふれた人々を方向づけ、しっかり動機づける力があり、生まれが良く真に美を愛する人柄の人々が徳に熱心になるようにする力はある。しかし、多数の人間を善美の人の立派さに方向づけることは言葉では不可能である。〔第十巻第九章、1179b5–15〕

（15ｂ）〔罰の効果〕多くの人々は、生来の性質から羞恥心ではなく恐怖によって導かれるようになっている。そして、彼らが劣悪な事柄から遠ざかるのも、その事柄が醜悪だからではなく、それをすると罰せられるからである。〔第十巻第九章、1179b10–20〕

（15ｃ）〔強制の力〕多くの人々は、議論ではなく強制の力に従い、美ではなく罰に従う。〔第十巻第九章、1180a1–10〕

（15ｄ）〔法の力〕法は、思慮深さと知性に発する理性を表す言葉であるがゆえに、強制する力を持っている。〔第十巻第九章、1180a15–25〕

このようにアリストテレスの実践哲学は、倫理学だけでは完成せず、政治学による補完を必要とする。それは、多くの人が徳に基づいて生きようとせず、身体的快楽に溺れて行為するからである。抑制のない人間もいるからこそ、罪を犯した場合には罰を課すことを示して感情に訴える必要が出てくるのである。

4　古代ギリシャの倫理思想に関する考察

ここでは、本章で扱った古代ギリシャの哲学者たちの倫理思想に対して、私の立場から考察を加えたい。

ソクラテスの思想に対する批判的考察

『ゴルギアス』に現れる人物たちは、ある程度公平に描かれているという印象を受ける。ソクラテスの論証だけではなく、当時アテナイに生きていた人々の生き様が登場人物を通してていねいに描かれている。ソクラテスの前提を受け入れている人にはソクラテスの言説が説得的に思われるだろうが、ポロスやカリクレスなどの発言も詳細に描かれている。ポロスの発言は当時のギリシャ社会の標準的な価値観を代表しているように思われる。ただし、ゴルギアスなどのソフィストの多くは、アテナイ出身ではなく、弁論術を教授することで報酬を得て生計を立てる必要があったと言われている(7)。また、カリクレスは過激な思想の持ち主であり、ソクラテスとは対立する独自の人間理解を持っている。そして、ソクラテスが主張する魂の不死の説に共感できない者には、ソクラテスの論証は部分的に説得力を欠くようにも思われる。

ソクラテスは、自分の哲学探究の活動を貫くために死をも恐れなかった人物である。彼の知を求める姿勢や正義に向かおうという決意には尋常でないものがある。ソクラテスは有徳の人だったが、彼と同じ道を歩むことは容易なことではない。

ここで、正義の行いを実行することが幸福へといたる道になるというソクラテスの主張について私なりに考えてみよう。正義の行いは共同的価値を高め、不正な行いは共同的価値を低くすると言えるだろう。不正な行為はときに行為者自身にとって利益をもたらすことがあるかもしれないが、それは他人を不幸にすることにつながり、共同的価値を低くする。正義の行為は、逆に、共同的価値を高めるものであり、自分自身の利益は重視されず、ときに自分にとっては不利益なこともある。しかし、自分が属する共同体がよりよい状態に移行していくことを幸福と感じられるなら、そのような人は幸福だと言えるだろう。つまり、〈共によく生きる〉ことに価値が見出されるなら、この目的に従って行為することが共同体構成員全体の幸福へと近づく道だと言えるだろう。

プラトンの思想とアリストテレスの思想に対する批判的考察

プラトンは『国家』で、あるべき国家モデルだけでなく、人間モデルと有徳の人のモデルを描写している。プラトンの人間モデルの基盤となるのは、魂三部分説である。それら三部分とは、理性的部分、気概的部分、欲求的部分である〔(7c)〕。このような分類は、前頭前野（理性的部分の機能を実現する脳部位）、大脳辺縁系（気概的部分の機能を実現する脳部位）、視床下部（食欲・性欲をコントロールする脳部位）という脳の部位に対応させることもできよう。私の見るところ、プラトンの魂三部分説は現代の脳科学の知見とかなり調和的である。

この魂三部分説に基づいてプラトンは、五種の人格タイプを区別している。それらに次のような新しい呼び名をつけてみよう――倫理的人間（正しい人、節度のある人（9a））、名誉優先的人間（名誉支配制的人間、（9b））、金銭優先的人間（寡頭制的人間、（9c））、快楽主義的人間（民主制的人間、（9d））、利己的・反社会的人間（僭主制的人間、（9e））。これらの人格タイプの描写は、現代においても当てはまるだろう。

ここで、積極的規範と消極的規範を区別してみよう。積極的規範は義務として表現され、消極的規範は禁止や許容として表現される。積極的規範に従って行動するのは、倫理的人間だけである。ソクラテスが積極的規範に従う典型的な人物である。消極的規範に従っている人には、名誉優先的人間、金銭優先的人間、快楽主義的人間が属する。そして社会的規範を無視する人が利己的・反社会的人間である。

次に、アリストテレスの倫理思想を振り返ってみよう。アリストテレスによれば、人間は理性的動物である。つまり人間は、理性的側面とともに動物と共有する特性を持っている。ここで、理性（logos）というのは推論能力や理論的判断力を意味している。人間は、感覚や食欲や性欲において動物的だが、他の動物にはない言語能力や推論能力を持っている。こうして人間は、動物としての特性と理性の保持者としての特性の二面性を持ち、両方の可能性に対して開かれている。

アリストテレスの見解では、幸福になるためには徳に基づいて行為しなければならない。人間は理性的動物だが、現実には抑制のない人間がほとんどである。そして、抑制のない人は、理性に従って行為選択をすることに失敗する人であり、熟考によって優先した決断に従うことができず不幸になってしまう。この抑制のなさの問題については、本書第八章であらためて詳しく論じることになる。

ソクラテスが理想主義的思想家だったのに対し、プラトンとアリストテレスはより現実的である。彼らは、社会秩序を維持し市民の幸福な生活を守るためには法や政治の強制力が必要なことを認めている。また、快楽主義は長期的な幸福に必ずしもつながらず、長期的な展望にそって行動決定をするような節制の方策をとることを両者は勧めた。つまり、魂の異なる部分に調和がもたらされるような行動をとり続けることがよく生きることにつながると両者は考えた。私自身は、この考えが示唆的なものだと思っている。また、古代ギリシャの倫理思想は現代の徳倫理学に今なお影響を与えており、現代性を失ってはいない〔本書第五章第5節〕。

第二章　近世の社会契約説

政治権力の宗教的権威による正当化が信頼を失っていく近世において、あるべき政治権力の形があらためて問われるようになった。そのような中、国家権力の存在を正当化する新理論として、社会契約説は生まれた(1)。また、そのような契約を担いうる強固な個人が近世には確立していた。このような流れは、まずイギリスに現れた。近世におけるイギリス経験論は、現実の人間を理想化なしに描こうとした。特に、社会契約説の最初の提唱者であるイギリスの哲学者トマス・ホッブズ（Thomas Hobbes, 1588-1679）には、冷徹な人間観察が見られる。

ホッブズとジョン・ロック（John Locke, 1632-1704）の社会契約説では、孤立した個人のモデルが前提にされている。そのような孤立した個人が自己保存の目的で互いに契約をかわし形成されるのが、国家ということになる。その後、フランス語文化圏に啓蒙思想家ジャン＝ジャック・ルソー（Jean-Jacques Rousseau, 1712-1778）が現れ、社会的不平等の起源を問い、社会契約説が新たな形で提案された。

1　ホッブズの倫理社会思想

この節では、ホッブズの主著である『リヴァイアサン（*Leviathan*）』（1651）をもとにホッブズの思想を紹介する。「リヴァイアサン」というのは、旧約聖書に現れる硬い鱗を持つ凶暴で巨大な海の怪物の名前であり、ホッブズは国家（commonwealth）をこのようなおそろしい怪物にたとえてこのタイトルを選んでいる(2)。

ホッブズは、人間が自己保存を目指す本性を持っていることの確認から出発する。そしてホッブズは、法や政治権力が成立する以前の状態を「自然状態」と呼び、この自然状態における権利の問題を考察する。さらに自然状態においては、生きるために自分で自分の身を守る権利が存在すると主張し、これを「自然権」と呼んでいる。ホッブズの理論は、社会の中で人々が競合状態にあることや犯罪の発生や内戦の発生を説明できるものである。民衆にとっての問題は、このような好ましくない状態をいかに避けるかにある。このとき、国家の形成が大きな役割をはたすとホッブズは考える。

ホッブズの個人主義と相対主義

ホッブズは、人間が欲求を原動力とする行為主体であることを確認することから考察をはじめる。ただし、短期的欲求のみでなく長期的欲求もホッブズは視野に入れる。またホッブズは、古代ギリシ

ヤの哲学者たちとは異なり理想の人間像を追求せず、多様な欲求に導かれる行為主体として人間を捉えた。(3)

（1a）〔善と悪〕行為主体にとっては、欲求の対象となるものは善であり、嫌悪の対象となるものは悪である。〔第1部第6章、p. 93〕

（1b）〔善悪の相対性〕ある人間にとってよいか悪いかが決まるのであって、単純かつ絶対的に「よい」とか「悪い」とか言いきれるものは存在しない。〔第1部第6章、p. 93〕

（1c）〔最高善の不在〕道徳哲学者たちが過去の著作に書いているような究極の目的とか最高善というものは存在しない。〔第1部第11章、p. 170〕

（1d）〔欲求の目的〕人間の欲求の目的は、一度限りの刹那的な享楽にあるのではなく、将来の欲求のたどる道を先々まで確保しておくことにある。したがってあらゆる人間の自発的行動および性向は、単に満ち足りた生活を手に入れるだけでなく、それを維持する方向に傾く。〔第1部第11章、p. 171〕

（1e）〔権力欲〕人類全体に共通する一般的な傾向として、絶えず突き上げてくるやみがたい権力欲がある。それは、生きている限り静まることがない。〔第1部第11章、p. 171〕

（1f）〔闘争〕富や名誉などの権力を求めてしのぎあいが行われると、論争・敵意・戦争が生じがちになる。なぜなら、そうした欲求を満たす方法は、競争相手を殺害すること、征圧すること、放逐すること、撃退することなどに求められるからである。〔第1部第11章、p. 172〕

このようにホッブズは、倫理的価値を主観的で相対的なものとして捉えている。この捉え方は、ソクラテスやプラトンの哲学と著しく異なるものであり、ソフィストの立場と通じるところがある。しかしソフィストとは異なり、「相対的価値を持ち、基本的に自らの欲求に従って行動する人々がいかに平和に共存できるか」という問いへの回答をホッブズは探し求める。またホッブズは、富や名誉を求める権力欲を人間にとって本質的なものとして捉え、このことから争いの生起を説明した。

基礎概念の規定

ホッブズは、自らの議論をできるだけ明確な形で組み立てるために、諸概念や諸前提を規定することから論述をはじめている。特に、権力に関する規定を重視している。

（2a）〔権力〕人間の権力とは、好ましいと思えるものを将来獲得するのに必要な、今持ち合わせている手立てのことである。人間の権力には、本来的な権力と手段としての権力の二種類のものがある。〔第1部第10章、p. 150〕

（2b）〔本来的権力〕人間の本来的権力とは、生まれつきそなえている権力のことであり、腕力や容姿などの身体的能力・性向と寛容さや思慮深さなどの心的能力・性向のことである。〔第1部第10章、p. 150〕

（2c）〔手段としての権力〕手段としての権力は、本来的権力と幸運によって獲得される権力のことである。例えば、富、名声、友人、人知れぬ神の働き〔幸運のこと〕は手段としての権力である。〔第1部第10章、p. 150〕

（２d）［権力の統合］人間の権力が最大化するのは、大勢の人々が合意に基づき個々の権力を、一個の私人または公人のうちに統合するときである。その一個人は、成員の全権力を行使するにあたって自分の意志に基づくこともある〔例えば、国家権力の場合〕。また、成員の個々の意志を立脚点とすることもある〔党派やさまざまな党派連合の権力の場合〕。〔第1部第10章、p. 151〕

この（２a）の規定によれば、権力は人が持つ傾向性〔disposition〕であり、能力である。権力を持つ者は、自分の意志でこの能力を行使できる。また（２d）で用いられている「合意」や「公人」や「統合」の概念は、明確化されるべきだと私は考えている。そして、この明確化のひとつの有力な方法は社会存在論〔social ontology〕を用いることである。そしてこのような課題については、本書の第Ⅱ部で取り組むことになる。

自然状態と自然法

自然状態は、政治権力が存在する以前の人間集団の状態のことを指している。ホッブズは、自然状態から〈万人の万人に対する闘い〉が発生することを論証しようとする。このとき、能力の同等の分配と孤立的で貪欲な人間本性が重要な役割をはたしている。この自然状態の中で各個人は、与えられた状況の中で利得を最大化しようとし、闘争の中に入り込んでいくとされる。

（3a）〔平等〕創造主は、人間を心身のさまざまな能力において平等につくった。したがって、ある人物がある利益を要求できるのに、他の人には同様の要求が許されないなどということはない。〔第1部第13章、p. 212〕

（3b）〔紛争の原因〕人間の本性には、紛争の原因となるものが主として三つある。それらは、敵《てき》愾《がい》心と猜疑心と自負心の三つである。これらのものに突き動かされると人は侵略に走る。敵愾心にもとづく侵略は、利益の獲得を目的とする。猜疑心にもとづく侵略は、安全を確保するためである。そして自負心にもとづく侵略は、名声を得るためである。〔第1部第13章、p. 216〕

（3c）〔万人の万人に対する闘い〕だれをも畏怖させるような共通の権力を欠いたまま生活している限り、人間は戦争と呼ばれる状態、すなわち万人が万人を敵とする闘争状態から抜け出せない。〔第1部第13章、p. 216f〕

（3d）〔権力の不在〕共通の権力が存在しないところには、法も存在しない。法のないところには不正もない。〔第1部第13章、p. 221〕

万人が闘争状態にある自然状態から平和にいたるためには、自然権の行使が必要になると、ホッブズは考える。ホッブズが言う自然権とは「みずからの裁量および理性に照らして最適の手段と考えられることをやってのける自由のこと」〔第1部第14章、p. 223〕である。自然権を持つからこそ人は、自分の生命を維持する目的で思いどおりに行動できる〔第1部第14章、p. 223〕。

そして自然法とは、理性によって発見された普遍的行動規範のことである〔第1部第14章、p. 223f〕。ホッブズは、自然法は十九の項目から成り立つとしている。ここでは、この自然法の主要な部分だけを要約しておこう。

（4a）〔第一の自然法〕平和を勝ちとるための努力は、希望が持てる限り続けるべきである。平和を達成できないのであれば戦争の中から、自分にとって役立つもの、自分にとって有利に働くものをすべて引き出し、それを活用することが許される。〔第1部第14章、p. 225〕

（4b）〔第二の自然法〕平和と自己防衛のために必要であると判断される限りにおいて、他の人々の同調が得られるという前提条件のもとで、「あらゆるものを自由に扱う権利」を進んで放棄しなければならない。また、他の人々との関係において自分の自由の限度を甘受しなければならない。自由の限度は、相手の自由をどれだけ許容するかによって定まる。相手に許容するのと同じだけの自由が許されるのである。〔第1部第14章、p. 225f〕

（4c）〔第三の自然法〕結ばれた契約は履行しなければならない。〔第1部第15章、p. 248〕

ホッブズが出発点に置いた個人は、根源的に自由な存在者であり、他人に危害を与えることも選択できるような行為者である。そして、そのような行為者が合意のうえに自らの自由を限定するのである。

ここで、自然法に関連する基本概念についてのホッブズの説明を補足しておく。

（5ａ）〔契約〕契約とは、権利を相互に譲渡することである。〔第1部第14章、p. 230〕

（5ｂ）〔正と不正〕不正行為とは、契約の不履行である。そして、不正でないものはすべて正当である。〔第1部第15章、p. 249〕

（5ｃ）〔道徳哲学〕自然法に関する学問は、真の道徳哲学である。なぜなら道徳哲学とは、人と人との交わりやつき合いにおいて何が善で何が悪なのかを究める学問だからである。〔第1部第15章、p. 275〕

ここからわかるように、ホッブズは契約概念を重視している。そして、道徳を社会的次元から捉えている。またホッブズは、欲求については詳しい規定を与えているのに、理性の特徴づけは十分にしていない。

国家とその構成員

ホッブズによれば、人々は自己保存の見通しを確保するために、国家が自分を束縛することを受け入れる〔第2部第17章、p. 13〕。

（6ａ）〔国家とは何か〕国家は一個の人格である。ただし、国家の成員である大勢の人々は、成員全員が国家行動の主体だということを成員相互の契約により取り決めておかねばならない。さもないと、平和を保ち、共同して敵に抗しようとしても、妥当だと判断される力および手段を総動員することができない。〔第2部第17章、p. 21f〕

（6b）［主権者］国家としての人格が、主権者である。〔第2部第17章、p. 22〕

（6c）［主権者の権限］参集した人民の同意にもとづいて主権をさずけられた個人または合議体は、あらゆる権能と権限を持つ。〔第2部第18章、p. 23〕

（6d）［臣民の義務］臣民は、主権者に対する服従の義務から解放されることはない。〔第2部第18章、p. 26〕

（6e）［多数決］過半数の者が賛成して主権を制定したとする。そうなると、意見の異なる者も賛成した側に同意しなければならない。というのも、集会に自発的に参加したのだとすれば、その事実によって、多数派の定めたことを守るという意思を十分に表明したことになる（それゆえに、暗黙のうちに契約したことになる）からである。したがって、それを守るのを拒んだり、多数派の命令に反抗したりすれば、契約に反していることになり、したがって不正行為になる。〔第2部第18章、p. 28f〕

（6f）［所有権］各人に所有権を知らしめる手段として、決まりを設けなければならない。そのようなことをする権力はすべて、主権に属する。〔第2部第18章、p. 33〕

（6g）［最高権力によって定められる所有権］主権を制定する以前は、万人が万物に対して所有する権利をそなえていた。だが、それだと必ず戦争になる。だからこそ、平和によって必要な、最高権力によって決まるこの所有権を、公共の平和を保つために最高権力が裁定するのである。

〔第2部第18章 p. 33〕

このように、国家は絶対的権力を持つことになる〔（6b）、（6c）、（6d）、（6g）〕。一度主権が合意などによって決定されたなら、主権をさずけられた個人または合議体に国家の成員は従わなければならない。その結果として、主権をさずけられた個人または合議体の判断が絶対化され、国家の成員の自由は強く制限されることになる。

2　ロックの倫理社会思想

ロックは『統治論』（1690）において、ホッブズが唱えた社会契約説を自らの考えのもとに書き換えた。ホッブズが神のような超越的存在者を前提せずに議論を展開しようとしたのと異なり、ロックはキリスト教の教義を前提にして理論を発展させた。ロックの考察の出発点には、人間が創造主から同じ恵みを与えられた被造物であるという考えがある(4)〔第2篇第2章第4節、p. 15〕。

自然状態における権利

ロックは、ホッブズとは異なる形で自然状態における人間を捉えている。ロックによれば、自然状態において人間は完全に自由であり平等である。また自然状態では個人が財産を持つことが認められており、他人の生命と財産を侵害することの禁止が自然法によって定められているとロックは主張する。しかし、自然法に違反して他人に対して暴力を行使した場合には、自然状態から戦争状態へと移行する。つまり、自然状態はそのままで存続が保証された状態ではない。

（7a）〔自然状態〕自然状態では、人は完全に自由であり、自然法の範囲内であれば、自分の行動を自分で決め、自分の財産や身体を思いのままに処することができる。その際、他人の許可を得る必要もないし、他人の意志に左右されることもない。また自然状態では、平等が保たれている。そこでは、すべての権力は相互的に働く。誰も、ほかの者以上に権力を持つことはない。〔第2篇第2章第4節、p. 15〕

（7b）〔自然法〕人間はみなそれぞれ平等で独立した存在なのだから、誰も他人の生命や健康、自由、財産を侵害してはならない。〔第2篇第2章第6節、p. 18〕

（7c）〔自然状態における処罰〕自然状態にある人間は、自然法に対する軽度の違反を見つけた場合、その違反に見合った程度に十分な厳しさをもって処罰を下すことが許される。十分な厳しさとは、犯罪者に、法に違反することは引き合わないと悟らせ、後悔の念を起こさせるに足るということである。〔第2篇第2章第12節、p. 25f〕

（7d）〔戦争状態〕戦争状態とは、敵意と破壊の状態である。〔第2篇第3章第16節、p. 32〕そして、他の人間を自分の絶対権力のもとに置こうとすれば、それによって相手方との間で戦争状態に突入することになる。〔第2篇第3章第17節、p. 33〕また、平和・善意・相互扶助・生存維持の状態が敵意・悪意・暴力・相互破壊の状態からかけ離れているのと同様に、自然状態と戦争状態は異なる。人間全体の上位に君臨する者、訴えに応じて救済の手をさしのべてくれる者がいないのに乗じて、暴力を実際に行使するか、あるいは他人の身体に対して暴力をふるうとの意志を明らかにするなら、戦争状態になる。〔第2篇第3章第19節、p. 35f〕

人間は自然状態において自由で平等であるとロックは主張する。そして、人間が誰も神の被造物であることによってこの主張は正当化されるとロックは考えている〔第2篇第2章〕。だから、キリスト教における創造神話を共有しない者にとっては、ロックの正当化は受け入れることができない。またロックは、自然状態をホッブズとは異なる形で規定するため、戦争状態と自然状態を異なったものとして捉えた。そこでロックは、人間の基本的自由を守るためには組織化された権力機構が必要になると主張するのである。

政治的社会

ロックは、労働によって所有権が生まれるという労働所有権論を唱える。そして、政治的社会で守られるのはこの所有権であるとする。

（8ａ）〔社会における自由〕自然状態における人間の自由に対して、社会における人間の自由というものがある。そのような自由は、国内で同意にもとづいて制定される立法権力によって制約される。〔第2篇第4章第22節、p. 41〕

（8b）〔労働による所有権の発生〕人間は、身体という財産を所有している。だから、身体の労働は、本人のものと言える。人間が何かを自然状態の中から労働によって取り出すとき、取り出された物は取り出した人間の所有に帰する。そして、取り出した人間が付加した要素ゆえに、他の人々の共有権は排除される。〔第2篇第5章第27節、p. 47f〕

（8c）〔土地の所有権〕農民は、土地を耕し、苗床にし、改良、開墾する。そして、そこから上がる収穫物を使いこなせるなら、まさにその分の土地が所有地となる。労働を加えることによって、その土地はいわば囲い込まれ、共有地から切り離される。〔第2篇第5章第32節、p. 53〕

（8d）〔政治的共同体〕政治的共同体は、その内部に、所有権を保全する権力をそなえていなければならない。またその目的をはたすために、いずれの構成員の犯罪をも懲《こ》らす権力をそなえていなければならない。さもないと、政治的共同体が成立・存続することは不可能である。したがって、共同体の定めた法に訴えて助けを求める方途が閉ざされていない限り、各構成員は自然権を放棄し共同体にゆだねなければならない。政治的共同体はそのとき初めて成立する。〔第2篇第7章第87節、p. 122f〕

（8e）〔国家と国民の義務〕他の人々との間で、一個の統治形態のもとに一個の国家という共同体を設けることに合意したとする。そうすることによって各人は、多数派の決定に服従し、多数派の課する制約を受け入れる義務に服することになる。〔第2篇第8章第97節、p. 140〕

（8f）〔所有権の保全〕人間が国家を形成し、みずからその統治に服す最大の目的は、所有権の保全にある。自然状態では不備が多くてそれができない。〔第2篇第9章第124節、p. 176〕

（8g）〔法律〕人々が社会という共同体を結成する主たる目的は、所有物（生命・自由・財産）を平穏かつ安全に享受することにある。そして、そのための主要な手段、方法となるのは、共同体において確立された法律である。〔第2篇第11章第134節、p. 186〕

（8h）〔立法権〕あらゆる国家の枢要にして基本的な実定法は、まず立法権の確立をおこなう。なぜなら、枢要にして基本的な自然法が社会を保全し、（公益に反しない限り）社会の各構成員を守っており、その支配は立法権そのものにも及ぶからである。〔第2篇第11章第134節、p. 186〕

（8i）〔国民の権利〕支配者が権力をはく奪されるか、あるいは、あらかじめ決めてあった任期が満了すると、最高権力はふたたび社会の手に戻る。そして国民は、至高の存在として行動する権利を得る。その際、立法権をみずからの手中に保ったままにしても差し支えない。あるいは、新たな形態の立法部を興してもかまわない。あるいは、旧来の形態のまま最高権力を新たな人々の手にゆだねるというやり方もある。いずれか妥当だと思う選択肢を選べばよいのである。〔第2篇第19章第243節、p. 338f〕

このように、ロックの社会契約説では所有権の保全という目的が国家形成のための大きな役割を演じている〔（8f）〕。そして国家は、自らに課せられた義務を国民が引き受けることの合意形成を基盤に成立する〔（8e）〕。また、ある条件のもとでは、国民は国家を再編成する権利を獲得する。これは、国家を絶対的なものとしたホッブズの社会契約説と異なる点のひとつである。

3　ルソーの倫理社会思想

ルソーは、『社会契約論』（1762）を執筆し、ホッブズの社会契約説を修正し革命的で民主的なものに作り替えた[5]。ルソーの社会契約説は、一七八九年に開始されたフランス革命に影響を与えたと言われている。

ルソーの社会契約説

ルソーによれば、人間は自由で平等なものとして生まれたが、この自由と平等が彼の生きている時代には失われている。社会契約による社会の改変はこの失われた自由を取り戻す手段であるとルソーは考えた[6]。

（９ａ）〔自然状態における自由〕人間は自由なものとして生まれた。〔第１篇第１章、p. 18〕

（９ｂ）〔権力と義務〕力は権利を作りださない。そして人は、正当な権力以外のものには服従する義務はない。〔第１篇第３章、p. 26〕

（９ｃ）〔根本問題〕人間が共同で生きるための根本問題は、次のものである。「どうすれば共同の力のすべてをもって、それぞれの成員の人格と財産を守り、保護できる結合の形式を見出すことができるのか。この結合において、各人はすべての人々と結びつきながら、しかも自分にしか服

従せず、それ以前と同じように自由でありつづけることができなければならない」。〔第1篇第6章、p. 39〕

（9d）〔社会契約による解決〕（9c）の根本問題に対して、社会契約が解決を与える。〔第1篇第6章、p. 39〕

（9e）〔社会契約の主要条項〕社会のすべての構成員は、みずからと、みずからのすべての権利を、共同体の全体に譲渡する。〔第1篇第6章、p. 40〕

（9f）〔社会契約の本質〕われわれ各人は、われわれのすべての人格とすべての力を、一般意志の最高の指導のもとに委ねる。われわれ全員が、それぞれの成員を、全体の不可分な一部としてうけとるものである。〔第1篇第6章、p. 41〕

（9g）〔国家の形成〕社会契約の結合行為は、それぞれの契約者に特殊な人格の代わりに、社会的で集団的な一つの団体をただちに作りだす。この団体の成員の数は、集会において投票する権利のある人の数と一致する。この団体は、結合の行為によって、その統一と、共同の自我と、その生命と、その意志を受けとるのである。このようにして設立されたこの公的な人格は、かつては「都市国家」という名前で呼ばれていたものであるが、現在では「共和国（République）」とか「政治体（Corps politique）」という名前で呼ばれている。これは、受動的な意味では成員から「国家（Etat）」と呼ばれ、能動的な意味では成員から「主権者（Souverain）」と呼ばれる。さらに、同じような公的な人格と比較する場合には、この人格は「主権国家（Puissance）」と呼ばれるのである。〔第1篇第6章、p. 42〕

（9h）〔国家の構成員〕構成員は集合的には「人民（Peuple）」と呼ばれるが、主権に参加する者としては「市民（Citoyens）」と呼ばれ、国家の法律にしたがう者としては「国民（Sujets）」と呼ばれる。〔第1篇第6章、p. 42〕

ルソーの社会契約説は、ロックのものと似ているが、一般意志という概念を導入しているところに特徴がある。社会契約においては、各個人が全体の不可分な部分であることを受け入れなければならない〔（9f）〕。また、個人が従う義務は正当なものでなければならないとしている〔（9b）〕。つまり、既存の国家権力に正当性がなければ、個人が国家の命令に背くことが許されることになる。

自然状態から社会状態へ

ルソーによれば、社会契約を通して、人間は自然状態から社会状態へ移行する。この社会状態という視点は、ホッブズにもロックにもなかったものである。

（10a）〔社会状態〕社会契約によって国家が出現することによって、人間は自然状態から社会状態へ移行する。

（10b）〔道徳の出現〕自然状態から社会状態へと移行すると、人間のうちにきわめて大きな変化が生じることになる。人間はそれまでは本能的な欲動によって行動していたのだが、これからは正義に基づいて行動するようになり、人間の行動にそれまで欠けていた道徳性が与えられるのである。そして初めて肉体の衝動ではなく、義務の声が語りかけるようになり、人間は欲望ではなく、権利に基づいて行動するようになる。〔第1篇第8章、p. 48f〕

(10 c)［社会的自由］人間が社会契約によって失ったものは、自然状態のもとで享受していた自由であり、彼が気にいり、しかも手にいれることができるものなら何でも自分のものにすることのできる無制限の権利である。人間が社会契約によって獲得したもの、それは社会的な自由であり、彼が所有しているすべてのものにたいする所有権である。〔第1篇第8章、p. 50〕

(10 d)［道徳的自由］社会状態において人間は、道徳的自由を新たに獲得する。〔第1篇第8章、p. 50〕

社会状態への移行とともに起こるとルソーが主張した道徳の出現は、ユートピア的なものである〔(10 b)、(10 d)〕。革命によって人間本性そのものを利己的なものから共同的なものへと転換させることができれば、新しい道徳的社会が確かに生み出されるだろう。しかし、ホッブズが描写したように、多くの人間は利己的欲求や名誉心に縛られた部分を決して失わない。実際、一七八九年から一七九九年にわたるフランス革命もジャコバン派による恐怖政治を招き、革命者が必ずしも道徳的な徳を守る人ではないことが歴史的にも示されている。このように、ホッブズとルソーの思想的対立は、私たちがいまだに解決できていない問題を示唆している。

4　社会契約説に関する考察

ここでは、本章で紹介した社会契約説に関する私自身の評価を記しておきたい。

ホッブズとロックの思想に対する批判的考察

アリストテレスが『ニコマコス倫理学』で論じた〈意志の弱さ〉の問題は、ホッブズにおいても現れてくるはずである。というのも、（１d）に現れているようにホッブズは、欲求の目的について論じるからである。人間には短期的要求に対して長期的要求を優先させる能力があるからこそ、かわされた契約を守り通すことができる。つまりホッブズが想定している個人は、長期的欲求を優先して行為できる意志の強い人間でなくてはならない。

個人が契約に基づいて自分の行為を制約できるためには、自らの欲求に対して規範的制約を優先させる人間モデルが必要である。快楽主義者がそのような合意に従って行為するためには、戦いを避け続けるという長期的欲求に従って自分を律する強い意志の持ち主でなければならない。またそのような個人は、戦いを避けることを優先的価値と認める者でなければならない[7]。（１a）の規定によれば欲求の対象は善であるが、欲求が多様なものであれば善にも偽にもなりうるだろう。例えば、礼儀正しいへビースモーカーが子どもの前でタバコを吸うことは、タバコを吸いたいという欲求に対しては善だが、礼儀正しくありたいという欲求に対しては悪となる。普通このような状況の中で、タバコを吸うことは悪と判断されるだろう。だから、ホッブズの「善」という語の使い方は特殊だということになる。

次に、ロックの倫理思想について考えてみよう。ロックの実践的哲学のひとつの特徴に、所有権の重視がある。言い換えれば、ロックは私的所有権を万人の権利として認める。労働所有権（8b）の説明の中でロックは、私的所有権を共有権の排除として適切に説明している。

権利を規範概念としてどのように規定するかという問題がある。私は、『規範とゲーム』で権限（power）をだいたい次のように規定している――集団GにAという行為遂行の権限があるということは、Gのすべての構成員にはAすることが許されているがG以外の人には誰もAすることが禁止されているということである〔中山 2011: p. 81〕。この考えに従えば、Sという人がDというものに対して私的所有権を持つということはDに対する財産の保持・売買・廃棄という行為がSだけに許容されていることとなる。そして、この考えはロックの提案と一致している。(8) このことから私は、ロックの概念規定はかなり精確なものだと思っている。

ルソーの思想に対する批判的考察

ルソーが構想する国家は、ホッブズと異なり、人民主権の国家と限定されている。『社会契約論』は、人民主権の国家がどのように構成されるかを描いている。そして、ルソーの社会契約説には一般意志が現れる。一般意志は、主権者である人民の意志である〔第3篇第2章、p. 130〕。ルソーによれば、法は一般意志によって定められる。言い換えると、法制定は一般意志の行為であり、法は国民の意志を記録したものにすぎない〔第2篇第6章、p. 83f〕。また一般意志はつねに正しいが〔第2篇第6章、p. 85〕、人民がこの一般意志をつねに正しく把握しているとは限らない。

ルソーは、執行権と立法権を分けている。立法権は主権者である人民に属し、政治の執行は一般意志の指導に従った代行機関である政府によってなされる〔第3篇第1章、p. 119〕。そして政府は、国民と主権者の間で意志を伝達するために設置された中間的な団体であり、法律の執行と、社会的な自由と政治的な自由の確保を任務とする〔第3篇第1章、p. 120〕。

それでは、一般意志の内容を具体的にどのように人民は知ることができるのだろうか？　それは、投票によるとルソーは考えている。そして、人民の意見が全員一致に近づくほど、一般意志は支配的になる〔第4篇第2章、p. 211〕。このようにルソーは、一般意志を国民の集合的意志としてあくまで実在的に捉えている。しかしこのような想定によれば、どの国民にも知られていないような一般意志があることになるだろう。また、何が一般意志なのかについて国民内部で多数の意見が分かれることもあるだろう。そのような状況において、一般意志はどのような実質的意味を持つのだろうか。

こうしてみると、『社会契約論』は理想主義的視点から描かれており、現実の法制定や法の実効性については十分な考察がなされていない。また本章第3節ですでに述べたように、自然状態から社会状態への移行にともない人々が道徳的人間へと生まれ変わる〔（10 b）〕というルソーの考えはユートピア的なものであり、人間の本性を反映していない。

第三章　近代倫理思想

この章では、イギリスを中心に展開された感情倫理学と功利主義を扱うとともに、カント（Immanuel Kant, 1724-1804）の実践哲学を紹介する。これらの倫理体系はいずれも、倫理をめぐる現在の論争にも影響を与えている。

1　感情倫理学

イギリスには、感情倫理学の伝統がある。その源流は、ハチソン（Francis Hutcheson, 1694-1746）の道徳感覚論にある。この説によれば、人間には道徳感覚（moral sense）という高次の感覚が生まれつきそなわっており、それを通じて人間は徳・悪徳を知覚し、それらを是認・否認する〔拓殖 2007: p. 330〕。このハチソンに影響を受けた一八世紀のイギリス哲学者たちは、「道徳感覚学派（moral sense school)」と呼ばれている。そして、スコットランド出身の哲学者であるヒューム（David Hume, 1711-1776）やアダム・スミス（Adam Smith, 1723-1790）もこの道徳感覚学派に属している。

ヒュームの道徳哲学

ヒュームは、道徳哲学に関する人間モデルに関していくつかの重要な提案をした哲学者である。彼の道徳哲学は、主著『人間本性論』（1740）の第3巻「道徳について」で展開されている。[1] またヒュームは、「精神には、その知覚以外の何ものも現前しない」〔T.3.1.1, p.8〕と述べているように知覚を軸とした人間モデルを提案していた。[2] そして、「徳とは理性に合致することである」と主張する理性主義的道徳哲学を批判し、道徳感情説を唱えた。この説によれば、理性だけで道徳的な善と悪を区別することはできず、その区別ができるためには情念がともに働かなければならない〔T.3.1.1, p.9〕。

（1a）〔理性主義的道徳哲学への批判〕哲学は通常、理論（speculative）哲学と実践（practical）哲学とに区分される。道徳は常に二番目の区分に含まれるから、それは、われわれの情念と行為に影響するのであり、穏やかで心を動かさない知性の判断の範囲を超えると考えられる。このことは、通常の経験によって確認される。通常の経験が教えるとおり、人々はしばしば義務に支配され、ある行為が不正義（injustice）であるという意見ゆえにその行為を控え、また別の行為が責務であるという意見ゆえにその行為に向かうのである。〔T.3.1.1, p.9〕

この道徳感情説のテーゼと関連するヒュームの主張に、感情の行為指導性（action-guidingness）がある。感情の行為指導性とは、私たちの感情がある種の行為を導く性質を持つことを意味している〔萬屋 2019: p. 52〕。

（１ｂ）［感情の行為指導性］道徳は、行為と感情に影響を持つのだから、理性から引き出されえないことが帰結する。理性だけでは、すでに立証したとおり、そのような影響を与えることができないからである。道徳は情念を引き起こし、行為を生み出したり抑えたりする。理性だけではこの点についてまったく無力である。道徳の諸規則は、それゆえ、われわれの理性による結論ではない。〔T.3.1.1, p. 9〕

ヒュームの哲学は、現代の倫理学者にいくつかの影響を与えた。その影響のひとつに「動機づけのヒューム主義」と呼ばれる立場がある〔杉本 2019: p. 103〕。それは、マイケル・スミスによれば次のように表現できる。

（１ｃ）［動機づけのヒューム主義］行為者が一定の仕方で行為するよう動機づけられるのは、その行為者が一組の適切な欲求と目的‐手段に関する信念とを持っている場合に限られるが、信念と欲求とは、ヒュームの言葉で言えば、別個の存在である。〔Smith 1994: p. 12; 邦訳 p. 18〕

この動機づけの特徴づけは、行為決定のための人間モデルのひとつであり、デイヴィドソン（Donald H. Davidson, 1917-2003）の行為論などにも影響を与えたものである。(3)

アダム・スミスの道徳感情論

アダム・スミスは、スコットランド出身の哲学者であり、『国富論』（1776）の著者として有名である。しかし、スミスは『道徳感情論』（1759）の著者でもあり、そこでは共感（sympathy）を基盤とした道徳論を展開している。スミスはこの本を何度も改訂し、第六版を一七九〇年に出版している。以下では、この第六版に基づいてスミスの道徳論を紹介しよう。

スミスによれば、人間は誰も自分自身に関する感情だけではなく、他人に対する哀れみや同情などの共感能力を持っている。(4)

（2a）〔想像による共感の形成〕いかなる種類の苦痛や苦悩であれ、それが限りない悲哀を呼び覚ますように、そのような状態にあると思ったり想像したりすることが、理解の鋭さや鈍さに応じて、ある程度まで同じ情感を引き起こす。〔I.i.1 第2節、p. 31〕

（2b）〔共感〕哀れみや同情（compassion）は、我々が他者の悲哀に対して抱く一体感（fellow-feeling）を示すのに適した言葉である。共感という言葉は、おそらく元来同じ意味だったが、今日では、何らかの激情（passion）に対する一体感を表すために用いられる。〔I.i.1 第5節、p. 33〕

スミスは『国富論』において、人間が自分自身の利益を追求する利己心の持ち主であるということを前提に議論した〔遠藤1997: p. 145〕。これに対し、『道徳感情論』でスミスは、共感を道徳的判断の基盤とした。これらを統合すれば、スミスは人間を自己愛と共感能力という二つの傾向性の持ち主として捉えていたことになる。これら二つの傾向性は、ときに異なる方向に人間を導こうとするだろう。そしてこの問題は、スミスの理論の矛盾というより、人間の引き裂かれた在り方を反映していると言えるのではないだろうか。

スミスは、道徳的判断が共感を前提にしていると考えている。

（２c）〔道徳的判断〕我々が、我々の行為を自然に是認（approve）したり否認（disapprove）したりする際の原理（principle）は、他の人々の行為に関して我々が似たような判断を下す際のものと、ほとんど同一であると思われる。我々は、他者の実情をよく理解したうえで、行為を引き起こした感情や動機に余すところなく共感できると感じるか否かに応じて、他者の行為を是認したり否認したりする。したがって同様の仕方で、我々自身を他者の立場に置き、あたかも、彼の目と位置からそれを眺めたとき、それを左右した感情や動機を完全にくみ取って共感できると感じるか否かに応じて、我々は、我々自身の行為を是認したり否認したりする。〔III.1 第2節、p. 212〕

このようにある行為に対して共感に基づいて是認や否認の判断を下すのは、私たちの心の中にいる審判者（judge）である。

（2d）〔内なる審判者としての良心（conscience）〕我々が自分自身に関係する事柄を、それに固有の形状と寸法でとりあえず見ることができるのは、あるいは、自分自身の利害と他者のそれを、ともかくも適切に比較できるのは、この内なる審判者に意見を仰ぐことによってだけである。〔III.3 第1節、p. 249〕

（2e）〔道徳的一般規則の形成〕（道徳的）一般規則は、あらゆる異なる種類の行為が我々に自然に生じさせた効果に関して獲得した経験から形成される。〔III.4 第9節、p. 292〕

（2f）〔義務感〕このような行為の一般規則に関する尊敬が、固有に義務感（sense of duty）と呼ばれるもの、つまり、人間生活におけるもっとも重要な原動力（principle）であり、大部分の人間が、それによって自分自身の行動を導くことができる唯一の原動力である。〔III.5 第1節、p. 296〕

このように、スミスの人間モデルによれば、共感に基づいて内なる審判者が心の中に形成される。そして、道徳的一般規則が生まれ、この一般規則への尊敬から義務感が生まれるとされる。また、行動への動機はこの義務感によって形成されるとしている。(5)

2　功利主義

イギリスの哲学者ジェレミー・ベンサム（Jeremy Bentham, 1748–1832）は、功利主義（utilitarianism）を提案した。ベンサムの功利主義は、「量的功利主義」と呼ばれ、これを拡張した質的功利主義を提案したのがジョン・スチュアート・ミル（John Stuart Mill 1806–1873）である。ちなみに功利主義の伝統は、現在にいたるまで続いている。

ベンサムの功利主義

ベンサムは、主著『道徳および立法の諸原理序説』（1789）で功利主義を提案した。功利主義は、功利の大きさを基準に行為が正しいかどうかを判定する立場である。ベンサムはこの主著で、功利主義の基礎概念を次のように規定している。(6)

（3a）〔苦痛と快楽による行為決定〕自然は、人類を苦痛と快楽の支配のもとにおいてきた。われわれが何をしなければならないかということを指示し、またわれわれが何をするであろうかということを決定するのは、ただ苦痛と快楽だけである。〔第1章第1節、p. 81〕

（3b）〔功利性の原理〕功利性の原理（principle of utility）とは、その利益が問題になっている人々の幸福を増大させるように見えるか、それとも減少させるように見えるかの傾向によって、

すべての行為を是認し、または否認する原理を意味する。〔第1章第2節、p.82〕

（3c）〔功利性〕功利性とは、ある対象の性質であって、それによってその対象が、その利益が考慮されている当事者に、利益、便宜、快楽、善、または幸福を生み出し、危害、苦痛、害悪または不幸が起こることを防止する傾向をもつものを意味する。ところでここで言う当事者は、個人または社会である。〔第1章第3節、p.83〕

（3d）〔社会の利益〕社会とは、いわばその成員を構成すると考えられる個々の人々から形成される擬制的な団体である。そして社会の利益とは、社会を構成している個々の成員の利益の総計である。〔第1章第4節、p.83〕

（3e）〔個人の利益〕あることがある個人の快楽の総計を増大させる傾向を持つ場合、あるいは、その個人の苦痛の総計を減少させる傾向を持つ場合には、その個人の利益を促進する。〔第1章第5節、p.83〕

（3f）〔功利性の原理への適合〕功利性の原理に適合している行為は、しなければならない行為（正しい行為）である、または少なくとも、してはならない行為（悪い行為）ではない。〔第1章第10節、p.84〕

（3g）〔最大幸福の原理〕「功利性の原理」は、「最大幸福または至福の原理（the greatest happiness or greatest felicity principle）」とも呼ばれる。この原理によれば、その利益が問題となっているすべての人々の最大幸福は、人間の行為の正しく適切で、普遍的に望ましい唯一の目的である。〔第1章第1節の「功利性の原理」という語句に対する一八二二年七月におけるベンサム自身に

よる註、p. 82〕

このベンサムの記述には、説明が足りないところがいくつかある。まず、〈苦痛と快楽による行為決定〉（３a）のモデルが個人に対するものなのか、それとも、集団に対するものも含むのかが明らかでない。個人の行為決定だけが問題となっているのであれば、（３a）の主張の内容は明確である。しかし、集団の行為決定も含まれているのであれば、この（３a）の主張はたちまち疑わしいものになる。このようなベンサムの功利主義は、ミルによってより洗練された理論になるよう修正を加えられていく。

ミルの功利主義

ミルは、ベンサムの快楽計算論を否定する。さらにミルは、ベンサムの功利主義の問題点を明確化し、これを克服するための複数の方策を『功利主義論』（1861）で提案している。(7)

（４a）［行為の正しさ］〈最大幸福の原理〉を道徳的行為の基礎として受け入れる信条に従えば、行為は幸福を増す程度に比例して正しく、幸福の逆を生む程度に比例して誤っている。〔第２章、p. 467〕

（４b）［幸福］幸福は、快楽を、そして、苦痛の不在を意味する。また不幸は、苦痛を、そして快楽の喪失を意味する。〔第２章、p. 467〕

（4c）［精神的快楽］エピクロス派の人々のような功利主義的著作者たちは、一般に、精神的快楽を肉体的快楽以上に尊重した。〔第2章、p. 468〕

（4d）［快楽の質］二つの快楽をよく知っている人々がそれらの一方をはるかに高く評価して、他方より大きい不満がともなうことを承知のうえで選び、他方の快楽を味わえるかぎりたっぷり与えられてももとの快楽を捨てようとしなければ、選ばれた快楽の享受が質的にすぐれている。〔第2章、p. 469〕

（4e）［〈最大幸福の原理〉の再定式化］〈最大幸福の原理〉によれば、量・質ともにできるだけ苦痛をのがれ、できるだけ享受が豊かな生存が究極の目的である。〔第2章、p. 472〕

（4f）［自制的能力の前提］功利主義倫理は、他人の善のためならば自分の最大の善でも犠牲にする力が人間にあることを認めている。この倫理は、犠牲それ自体を善と認めないだけである。〔第2章、p. 478〕

（4g）［関係者全部の幸福］功利主義が正しい行為の基礎とするのは、行為者個人の幸福ではなく、関係者全部の幸福である。自分の幸福か他人の幸福かを選ぶときに功利主義が行為者に要求するのは、利害関係を持たない善意の第三者のように厳正中立であれ、ということである。〔第2章、p. 478〕

ミルは、〈最大幸福の原理〉を実践するためには、他人の善のために自らの善の実現を犠牲にする能力が必要であることを明言している〔（4f）〕。つまり、功利主義は利己主義とは著しく異なった立場であることがわかる。

功利主義者は、行為の動機づけの問題に対してどのように答えるのか。ミルは、この疑問に次のように答えている。

（５ａ）〔道徳的強制力〕道徳体系がもつ強制力には、外的なものと内的なものがある。〔第３章、p. 488f〕

（５ｂ）〔外的強制力〕外的強制力には、外的な賞罰などがある。〔第３章、p. 489〕

（５ｃ）〔義務の内的強制力〕義務の内的強制力は、心中の感情である。つまり、義務に反したときに感じる強弱さまざまな苦痛である。この感情が利害を離れて純粋な義務観念と結びつくとき、「良心」の本質をかたちづくるものとなる。〔第３章、p. 489f〕

（５ｄ）〔徳〕功利主義道徳論者は、個人にとって徳それ自体が善でありうることを心理的事実として認める。〔第４章、p. 498〕

ミルが指摘しているように、道徳的強制に関する問題は、功利主義倫理だけでなく、すべての倫理思想がかかえる根本的な問題である。そしてミルは、この問題に良心という心理的能力の存在を前提にして答えている〔（５ｃ）〕。

ミルの自由論

ミルは、倫理的制約と自由の関係について『自由論』[8]（1859）で考察した。ミルの見解は、倫理的に許される範囲で自由を容認すべきだというものである。

（6ａ）〔自由への干渉に対する制約〕人間が個人としてであれ集団としてであれ、ほかの人間の行動の自由に干渉するのが正当化されるのは、自衛のためである場合に限られる。〔第1章、p. 29〕

（6ｂ）〔自由への制約〕恒久の利益という視点に立てば、個人の自発性を外部から統制することも正当化される。だから、個人の行動がほかの人々の利害に関係する場合に限って、外部からの統制に従わねばならない。〔第1章、p. 32〕

ミルは、社会の中での多様性を重視する。それは多様性こそが、社会を活性化させ、袋小路からの脱出の可能性を与えるからである。例えばミルは、カルヴァン派の神への服従の思想を激しく批判する。というのも、このような思想は人間の才能や素質や感性をおしつぶしてしまうからである〔第3章、p. 150〕。このような思想は、社会にとっての損失を招くだろう。同様の理由で、社会全体にとっての恒久の利益という功利主義的観点から、ミルは思想と言論の自由を強く肯定する。

ところで、ミルの思想の自由についての考えは、カール・ポパー（Karl P. Popper, 1902–1994）が提案した批判的合理主義の思想を先取りしている。実際、ミルの次の考察は批判的合理主義の精神に貫かれている。

（６ｃ）〔反証主義〕われわれがもっとも確かだと思っていることでも、絶対的な根拠があるわけではない。だから、われわれは逆に、それが間違いであることを証明せよと、つねに全世界に呼びかけるしかない。呼びかけに応じる挑戦者がいないか、いても証明に失敗した場合、われわれはまだ、確かなものからほど遠い。しかし、われわれは現段階での人間の理性がなしうる最善のことをなし、真理が到来する機会を最大限に設けたと言える。〔第2章、p. 56〕

（６ｄ）〔批判的合理主義の姿勢〕疑わしいところのある問題はすべて自由に論じるべきだと認めても、ある特定の原理や学説については、それは極めて確かなものだから、疑うことを禁じるべきだと考える人がいる。それが確かだというのは、それが確かだと彼らが確信しているからにすぎない。〔第2章、p. 57〕

批判的合理主義は、徹底した個人主義の思想である〔中山 2016a: p. 111〕。批判の自由を保証するという点で、批判的合理主義は自由を最大限に擁護しようという思想と調和的である。

3　カントの実践哲学

カントが義務論を展開した著作として、『道徳形而上学の基礎づけ』（1785）と『実践理性批判』（1788）がある。『道徳形而上学の基礎づけ』が倫理学の問題に直接に取り組んでいるのに対し、『実践理性批判』は『純粋理性批判』（1781/1787）が正しいと前提したうえで議論を展開している。カントは『純粋理性批判』で、人間の三つの能力として、感性（Sinnlichkeit）、悟性（Verstand）、理性（Vernunft）を区別した。そして、認識は感性と悟性を中心に形成されるものであり、理性によって神や不死や自由の理念（Idee）を理論的に認識することはできないとした。ところが『実践理性批判』では、意志は自らを原因として規定する能力であり、理性は意志を十分に規定できるとカントは主張している(9)〔序論、[1] p. 46〕。またカントによれば、実践的規則は理性によって作り出される。カントの実践哲学は考え抜かれた整合的な体系であり、同時代の哲学者たちの倫理思想に比べてきわめて厳密な体系である。

『実践理性批判』における義務論の提案

カントは、理性による行動原理の作成と欲求能力が通常の行為決定に関わっていると考えている。そしてカントは、普遍的原則に合致するような行動原理の作成が行為主体が自由であるために要請されると主張する。

（7a）〔実践的な原則〕実践的な原則は、意志の普遍的な規定を含む命題である。その原則に示された条件を、主体がみずからの意志だけに適用されるものとみなしている場合には、この原則は主観的なものであり、「行動原理（Maxime）」と呼ばれる。またこの条件が、すべての理性的な存在者の意志に妥当するものとして、すなわち客観的なものとして認識されている場合には、この原則は客観的なものであり、「実践的な法則（Gesetz）」と呼ばれる。〔KP.1.1.1.1, [1] p. 53f〕

（7b）〔欲求能力〕人間の理性は、実践的な事柄については、主体と主体の欲求能力に関わる。〔KP.1.1.1.1, [1] p. 55〕

（7c）〔実践的な規則〕実践的な規則は、つねに理性が作りだしたものである。〔KP.1.1.1.1, [1] p. 55〕

（7d）〔命法〕人間のように意志を規定する根拠が理性だけではない存在者にとっては、実践的な規則は「命法（Imperativ）」という形をとる。これは、行為への客観的な強制を表現する「なすべし（Sollen）」によって示される規則である。〔KP.1.1.1.1, [1] p. 55f〕

（7e）〔命法の種類〕命法には、仮言的な命法（hypothetischer Imperativ）と定言的な命法（kategorischer Imperativ）がある。仮言的な命法は、作用する原因として、理性的な存在者が原因として機能するための条件を規定する。これに対し、定言的な命法は意志だけを規定する。そして、定言的な命法は実践的な法則である。これに対し、仮言的な命法は実践的な準則（Vorschrift）である。〔KP.1.1.1.1, [1] p. 56〕

（7f）〔実践的な準則の例〕「老後の生活に苦労しないように、若いころに働いて、倹約しておかなければならない」。〔KP.1.1.1.1, [1] p. 57〕

（7g）〔自己愛の原理〕実質的な内容を持つすべての実践的な原理は、自己愛（Selbstliebe）の原理、すなわち自己の幸福を目指す普遍的な原理に分類される。〔KP.1.1.1.3, [1] p. 61f〕

（7h）〔快と幸福〕快が実践的なものであるのは、対象が現実に存在することで主体が期待する快適さの感覚が欲求能力を規定するからである。また、ある理性的な存在者がその全存在においてたえず生の快適さが伴っていることを意識する状態が、幸福である。〔KP.1.1.1.3,〔1〕p.62〕

（7 i）〔自由な意志〕自然法則が関わる原因性の法則から独立であることは、もっとも厳密な意味での自由であり、超越論的な意味での自由である。だから、行動原理のたんなる法則を定める形式だけを法則として使用しうる意志は、自由な意志である。〔KP.1.1.1.5,〔1〕p.83〕

（7 j）〔道徳的な行動原理（道徳性の原理）〕「君の意志の採用する行動原理が、つねに同時に普遍的な法則を定める原理としても妥当しうるように行動せよ」。〔KP.1.1.1.7,〔1〕p.89〕

（7 k）〔道徳法則〕純粋理性はただそれだけで実践的であり、人間にある普遍的な法則を与える。わたしたちはこれを「道徳法則」と呼ぶ。〔KP.1.1.1.7,〔1〕p.92〕

（7 l）〔命法と義務〕道徳的な法則は人間のような有限な存在者にとっては定言的に命じる命法となるが、それはこの法則が無条件的なものだからである。このような意志は、この法則に対して依存性という関係を結び、これは「責務」と呼ばれる。責務とは、純粋な理性とその客観的法則をつうじてではあるが、ある行動をとることを強制されることを意味する。そのためこの行動は、「義務」とも呼ばれる。〔KP.1.1.1.7,〔1〕p.94〕

『実践理性批判』でのカントの議論は、批判哲学の一貫性を追求する中で『純粋理性批判』の認識論を前提にして展開されており、行為決定の現象から出発したものではない。そしてこの著書では、『純粋理性批判』とは逆の方向に議論が進められている。ここでは、原則からはじめて概念に進み、それから感覚能力の批判へと向かっている〔序論、［1］p. 48〕。だから、カントと出発点を共有できない者にとっては、ここで展開される議論をそのまま受け入れることはできない。

カントの人間モデル

カントは『純粋理性批判』において、動物と〈純粋に理性的な存在者〉の間に位置づけられる者として人間を描いている。つまり、カントによれば、人間は動物と共通する欲求や感性的な動因を持つとともに、〈純粋に理性的な存在者〉と共通する理性の持ち主である。この人間把握は『実践理性批判』の議論の前提となっている。そして、有限な存在者としての人間に特有な道徳的法則との関わり方をカントは強調する。

（8a）［神聖な意志］神聖な意志とは、道徳的法則に矛盾するいかなる行動原理も決してうけいれることのできない意志である。〔KP.1.1.1.7,［1］p. 94〕

（8b）［叡智的主体の神聖さ］すべてにおいて充足している叡智的な主体では、その選択意志は、同時に客観的な法則であることのできない行動原理をもつことができないと考えられるのはもっともなことであり、そのためにこうした叡智的な主体には神聖さの概念がそなわっている。〔KP.1.1.1.7,［1］p. 95〕

（8c）［道徳性の原理の適用範囲］道徳性の原理は、人間だけに適用されるのではなく、理性と意志をもつすべての有限な存在者にも適用されるのであり、さらに最高の叡智でもある無限な存在

者にまで及ぶ。〔KP.1.1.1.7.［1］p. 93f〕

（8 d）〔有限な存在者〕有限な存在者は理性的な存在者であって、純粋な意志をそなえていることが想定できる。しかし有限な存在者は、同時に、さまざまな欲求と感性的な動因によって触発される存在者でもあるため、神聖な意志がそなわっているとは想定できない。〔KP.1.1.1.7.［1］p. 94〕

（8 e）〔有限な存在者にとっての命法〕道徳法則が有限な存在者に適用される場合には、命法という形式をとる。〔KP.1.1.1.7.［1］p. 94〕

（8 f）〔義務の法則〕もっとも完全な存在者の意志にとっては、道徳法則は神聖性の法則であるが、あらゆる有限な理性的な存在者の意志にとっては、道徳法則は義務の法則なのである。これは道徳的に強制される法則であり、法則への尊敬によって、みずからの義務への畏敬によって、行為を規定する法則なのである。〔KP.1.1.3.［2］p. 42〕

ホッブズは、人間を動物の一種としてみなしていた。これに対しカントは、人間を動物と神との中間に位置づけ、感性界と叡智界に同時に属する存在者として描いている。カントの『実践理性批判』は、このような人間モデルを前提にして構成されているのである。

4　近代倫理思想に関する考察

この節では、感情倫理学、功利主義、カントの実践哲学について、私の観点から考察する。これら三つの立場は、現代でもなお影響力のある立場である。

感情倫理学に対する批判的考察

ヒュームの道徳哲学に関しては、現代的観点から重視すべき点がいくつかある。本書の観点から重要になるのは、道徳的な文は事実に関するものではなく、したがって真でも偽でもないという考えである〔T.3.1.1〕。このヒュームの考えは、現代のメタ倫理学の分類を適用すると、反実在論と非認知主義という立場に属すると考えられる。反実在論によれば、道徳的事実は世界の側に存在しない。そして非認知主義によれば、道徳的事実を認識することはできない[10]。

また、動機づけのヒューム主義という立場は現代の多くの哲学者たちによって受け入れられている。そこでは、信念と欲求が異なるものであるということが重要になる。そして、道徳規則が理性だけによるものではなく、感情によるものであるという見解（１ｂ）は、カントの理性と実践的規則の考えに対立するものである。ただしヒュームは、道徳規則が感情と理性の両方によって形成されたものであることには反対していない。

ここで、本書第Ⅱ部で提案する人間モデルと対比してヒュームの立場について考えてみよう。本書の立場では、道徳的判断は道徳的規範体系に基づいてなされる。そして、道徳的規範体系は規範体系の一種である。また将棋のようなゲームは、動的規範体系の枠組みを用いて記述できる。ここで、将棋における推論と行為と情念の関係について考えてみよう。将棋における推論は状態遷移を考慮した動的なものだが、そこでは事実認識と推論の両方が中心的な役割をはたしている。ただし、将棋をやるのは勝ちたいという情念があるからであり、将棋をすることの動機づけはこの情念なしには考えられない。また、将棋の中の行為が成立するのは、将棋の規則体系（つまり、規範体系）が守られている場合だけである。この将棋の規範体系の制約の中で、プレイヤーは勝利に結びつくような次の一手を選択し、これを実行するのである。ヒュームが行為遂行における理性と情念の関係について考察しようとしたことは高く評価できるが、理性と情念の関わり合いについての描写にはまだ具体性が欠けている。本書第Ⅱ部の探究は、ヒュームが提起した道徳的判断における推論と事実認識の位置づけの問いに新たに取り組み、ひとつの具体的な提案をなそうとするものである。

アダム・スミスは、感情と道徳的判断がどのように結びついているかを、共感を軸にして詳しく説明している。そしてスミスは、利己心とともに共感という行為の動機を認めた（(2c)）。しかし、この利己心による行為選択と共感による行為選択はときに対立することがある。その対立を調停するものとして良心による審判というものを導入した（(2d)）。

私は、共感と義務を結びつけることは困難だと思っている。というのも、あることが義務となるためには、感情や共感は必要でもなく十分でもないからである。人は共感がなくても義務に従うことができるし、共感があっても義務に従うとは限らない。義務に従う行為選択の根拠は共感ではなく、説得的な理由にある。本書第Ⅱ部で私は、ゲームの規則に従って行為することと社会的規範に従って行為することを同列のものとして捉えることになる。

功利主義に対する批判的考察

ベンサムは、〈最大多数の最大幸福〉という功利主義的原理を唱え、集団の意思決定の問題を個人の意思決定の問題と結びつけた。また彼は、ホッブズやロックの社会契約説で前提された自然法の仮定に依拠しない集団の意思決定の理論を提案した。しかし、最大幸福原理には解明されるべき問題がある。それは、次の三つの問題である。

（9a）〔複数の集団への帰属〕どの集団に従って幸福の量を計算するかという問題がある。これは、複数の集団に同時に属している人には問題となる。集団Cではみなで行為Aをすることが最大幸福となり、集団Dでは誰も行為Aをしないことが最大幸福となったとき、どちらの集団にも属する人はどうしたらいいだろうか。例として、戦争状態におけるキリスト教徒の兵士などが考えられる。

（9b）〔功利主義原理からの帰結と快楽主義からの帰結との矛盾〕場合によっては、自分の喜びに反することをすることが集団の幸福の最大化から帰結する。このことは、功利性の原理が個人主義的に解釈された快楽主義と矛盾しうることを意味する。

（9c）〔帰結主義と無知〕功利主義は、帰結主義の立場をとる理論である〔奈良 2018a: p. 30〕。つまり功利主義は、道徳的正しさを行為の結果を評価することによって判定する。しかし多くの場合、私たちは行為を決定する時点でその行為の結果を確定的に知ることができない。すると、帰結主義に基づいて行為の決断もできないことになる。

最大幸福原理が現実に成り立つためには、快楽主義的原則をこの原理にそうように抑制できる個人によって集団が構成されていなければならない。しかし、これはベンサムの快楽主義的出発点には含まれていない前提である。実際ベンサムは、最大幸福原理に従って行為する人間モデルを詳細に描いていない。

ミルは、ベンサムの功利主義を修正しようとしたが、ベンサムの理論の問題点であった（9b）の問題に対して自制的能力を認めることによって答えている〔（4f）〕。功利主義者はつねに〈最大幸福の原理〉に従うべきなのである。

ミルは個人主義者であり、関心の異なる構成員たちによって構成される社会組織を肯定している。ミルによれば、そのような社会組織の中で思想・言論の自由は保証されるべきであり、意見の対立は容認されるべきである。〈最大幸福の原理〉は、社会組織の中の異質な構成員がともに受け入れなくてはならない原理だとミルは考えていただろう。

またミルは思想・言論の自由を重視したが、本書でも同様の主張を行うことになる〔本書第八章第4節〕。というのも、本書では規範的判断が存在や事実に関する信念を前提にしているという立場がとられるからである。つまり、思想が根本的であり、規範は思想に依拠してはじめて定式化できる。言い換えると、行為選択の自由は思想・言論の自由に支えられてはじめて完全な形で保証される。

功利主義の場合、超越的な意味での正義は仮定されない。ある集団にとっての正義は、その集団に属する個人たちの幸福を最大にするものである。この点に関して功利主義者は、カントの実践哲学の理性主義的傾向と比べてより現実的な立場をとっている。

カントの実践哲学に対する批判的考察

カントの人間モデルは、欲求と超越論的自由意志による行為の動機づけを基本としたものである〔(8d)〕。そしてカントにとって、道徳的に正しい行為は超越論的自由意志による定言命法に従った行為である〔(7i)、(7l)〕。自由は道徳的な法則の存在根拠であり、道徳的な法則は自由の認識根拠であるというのが、『実践理性批判』におけるカントの主張である〔序、[1] p. 18〕。超越論的自由の存在は『純粋理性批判』において思弁的に証明不可能とされていたものであり、『実践理性批判』においてはじめて道徳的法則の存在根拠として肯定的に示されるものである。しかし、カントが定式化したような道徳的法則の実在性を認めない人は、超越論的自由の存在を疑いうるだろう。

『純粋理性批判』では、原因性に二種類のものがあると主張される。ひとつは道徳的法則性と結びついた自由としての原因性であり、もうひとつは自然法則と結びついた原因性である。そして人間は、自由としての原因性においては存在者そのものであり、自然のメカニズムとしての原因性においては現象である〔序、[1] p. 22f〕。こうして超越論的自由概念はカントの批判哲学の中でかなめに位置する概念となるが、カントの哲学体系を否定する者にとってこの概念は空虚なものとなる。このカントの体系は動物と神の間に人間を位置づけるという構図とともに成り立つものであり、神の存在を疑う者に対しての説得力に欠けている。だから、神の存在を疑い、超越論的自由の存在を疑う者にとっては、カントが提案した道徳法則はその存在根拠を失うのである。

基本的にカントは、行動原理によって行為は動機づけられると考えている〔(7a)〕。またカントは、自己愛を行為の原動力のひとつと考えている〔(7g)〕。そして、実践理性は実践的規則を生み出す能力だが、実践的規則は仮言的命令形か定言的命令形かのどちらかで表現される〔(7e)〕。仮言的命令形の実践規則は「pの成立を欲するなら、Aせよ」という形式の規則であり、定言的命令形は単に「Aせよ」という形式の規則である。そして、規則は法則的妥当性を持っている。だからカント倫理学は、実践的推論を基盤にした理論ということになる。この点においては、本書第Ⅱ部で提案される人間モデルと一致している。

カントによれば、普遍化可能な行動原理に従って行為することが道徳的となる〔(7j)〕。だから、利己的行動原理は普遍化できないため、道徳的ではないことになる。逆に、誰にとっても好ましい行為は多くの場合普遍化可能なため、道徳的となる。私は本書では、普遍化可能性の代わりに共生可能性を主張する。つまり、道徳的行為の必要条件として共生可能性を提案する〔本書第十章〕。実際、カントが定式化した道徳法則がなぜ一定の説得力を持つかは、カントとは別の方法で正当化できる可能性がある。本書第Ⅱ部での議論も、このような可能性を追求している。

第四章　実存主義と共同的主体の倫理学

実存主義の代表者として、キルケゴール（Søren A. Kierkegaard, 1813–1855）、ニーチェ（Friedrich W. Nietzsche, 1844–1900）、ハイデガー（Martin Heidegger, 1889–1976）、ヤスパース（Karl T. Jaspers, 1883–1969）、サルトル（Jean-Paul C. A. Sartre, 1905–1980）などがよくあげられる。この章で実存主義を取り上げるのは、〈よく生きる〉ことの意味の中に、〈正しく〉という意味や〈快く〉という意味とともに〈実存的に充実した〉という意味も含まれていると私が考えるからである。

実存主義者たちに共通するのは、近代思想の合理的・啓蒙的アプローチの限界を指摘する姿勢である。近代哲学を代表する哲学者の一人であるカントは、アプリオリで総合的な真なる命題の存在を確信していた。そしてヘーゲル（G. W. F. Hegel, 1770–1831）は、理性的なものと現実的なものは一致すると主張した。これに対し実存主義者たちは、科学的認識だけでは人間の生に関わる問題を十分に解決できないと感じていた。そして実存主義者たちは、生きることへの関わりが哲学の中心問題だと主張する。

1　実存主義の誕生

一九世紀に活動したキルケゴールやニーチェは、哲学の傍流から現れ、西洋哲学の伝統を批判した。二人とも、体系的哲学のスタイルをとらず、文学的表現を駆使した。彼らは、近世哲学がたどったのとは別の道が哲学的思索には可能であることを示そうとした。二〇世紀に現れたハイデガーやヤスパースやサルトルは、これら一九世紀の反逆的哲学者たちを実存主義哲学の先駆者として評価し、彼らの思索と対決するとともに哲学史を新たな視点から組みなおして自らの立場を築いていった。

キルケゴールの実存思想

デンマークの哲学者キルケゴールは、ヘーゲル哲学の批判者であり、実存主義の創始者の一人である。主著『死に至る病』(1849)では、体系的哲学者の実存忘却について次のように皮肉をこめて描写している。「ある思想家が、巨大な建物を、人間という存在や世界史などのすべてを包括する体系を築き上げている――さて、彼の個人的な生活の方をのぞいてみると、何とも驚いたことに、彼自身は、この壮大な、高い円天井のついた宮殿には住まず、その脇の物置か、犬小屋か、あるいはせいぜいのところ門番小屋に住んでいるという、恐ろしくもあり、また笑いたくもなる事態が露見するのである」〔キェルケゴール 2017: 第1編CBａ、p. 77〕。これは、ヘーゲルを念頭において書かれたものだろう〔藤野 2007: p. 243f〕。カール・レーヴィットによれば、ヘーゲル哲学は歴史的世界の中で一人一人の実存が水平化されてしまう代表的な例である〔レーヴィット 2015:（上）p. 265〕。

ヘーゲルとは異なり、キルケゴールの場合には、生と思想の間に連続性が保たれている。言い換えるとキルケゴールは、自らが生きることとの問題と対決しながら思索した哲学者だった。そしてキルケゴールは、『哲学的断片への終決的・非学問的あとがき――模倣的・パトス的・弁証法的習作、ヨハンネス・クリマクスによる実存的草稿』（1846）で実存に関する概念を多数導入した〔ブラント 1991: p. 108〕。そしてキルケゴールは、人生全体にわたる行動原理を問題にした。キルケゴールが提案したそのような行動原理には次の三つのものがある。

（１ａ）〔美的人生観〕審美主義者にとっては、快楽が人生の目的である。彼らは瞬間のために生き、つかの間の楽しみを探し求める。〔ブラント 1991: p. 42〕

（１ｂ）〔倫理的人生観〕倫理的人間にとって、人生の意義は責任と義務を負って生きることである。別の言い方をすれば、人生はただ彼らが責任と義務を受け入れる時にのみ、彼らにとって意味を持つものである。〔ブラント 1991: p. 43〕

（１ｃ）〔宗教的人生観〕宗教的人間にとって、神と彼の関係は人生にとって最も深い事柄である。この世的な人生、つかの間の人生は、それが神及び永遠なる生と関わらない限り、それにふさわしい背景と奥行とを与えられない。〔ブラント 1991: p. 43f〕

これら三つの生き方の選択肢は、誰もが自分の責任で選ぶものである。キルケゴール自身は、どの人生観も自分で経験する機会を持った。キルケゴールは、宗教的人間となることを勧めるが、この結論は彼自身の体験と結びついている。若い頃、美しい婚約者との生活を夢見ていたキルケゴールは美的生き方を目指していた。そして婚約破棄とともに美的生き方を捨てて、倫理的生き方の方へ向かい、最終的には単独者としての宗教的生き方へと向かうことになる。実存は、生きることの苦悩と結びついている。生きることの罪や苦悩と向き合いながら生きることこそが、誰にとっても重要なはずである。キルケゴールからすれば、多くの近世の哲学者たちはこの生きることの切実さを忘れて倫理について議論していたのである。こうしてキルケゴールは、一人の人間が快楽主義的でも、倫理的でも、宗教的でもありうることを示したのである。

ニーチェによる道徳的起源の探究

ここでは、ニーチェの『道徳の系譜学』（1887）の第二論文「「罪」「疚《やま》しい良心」」およびこれに関連したその他の問題」を中心に、個人と社会と法の問題に関するニーチェの考えを見ておこう。この論文においてニーチェは、道徳の起源を（広い意味での）債務関係に見ている。債務関係においては、債務者に返済の義務が課せられる。そして、債務を返済しようとする心情から良心が生まれるとニーチェは指摘する。(1)

（2a）［最古の心理学の根本命題］ニーチェは、苦痛によって人間の記憶に刻み込むことについて次のように述べている――「どうすれば人間という動物に記憶させることができるのか？　愚かでぼんやりしたこの動物に、今という瞬間しか理解していないこの動物に、忘れっぽさの化身のような動物に、いつまでも残るようなものを、どうすれば刻み込むことができるのか？」「記憶に残るようにするためには、それを焼きつけるしかない。苦痛を与えつづけるものだけが、記憶に残るのだ」。〔第3節、p. 104f〕

（2b）〔債務と抵当〕債務を負った者は、負債を返済するという約束を信用してもらうために、契約に基づいて債権者に抵当をさしだす。この抵当とされるものは、債務者がまだほかに「所有しているもの」、まだ彼の裁量のもとにあるもの、たとえば自分の身体とか、自分の妻とか、自分の自由とか、自分の生命などである。〔第5節、p. 111f〕

（2c）〔道徳的概念の発祥〕債務の法律の領域こそが、「負い目」、「良心」、「義務」、「義務の神聖さ」などの道徳的な概念の世界の発祥の地である。これらの概念の世界の端緒は、はるか昔から根本的に血で洗われてきたのであり、これは地上のすべての偉大な物事の端緒にもあてはまる。〔第6節、p. 114〕

（2d）〔人間の残酷な本性〕他人が苦悩するのをみるのは楽しいことである。他人に苦悩を与えるのはさらに楽しいことである。これらは、過酷な命題だ。しかし古く、力強く、人間的なあまりに人間的な根本命題なのだ。〔第6節、p. 117〕

（2e）〔価値を評価する動物〕人間はみずからを、価値を測る生物として、価値を見積もって測定する生物として、「まさに評価する動物そのもの」として特色づけた。〔第8節、p. 125〕

（2f）［社会契約］共同体がその成員と結ぶ関係は、債権者が債務者と結ぶ重要で根本的な関係と同じものである。人間は共同体のうちで生き、共同体の恩恵を享受している。危害や敵意にそなえるために人々は、共同体にみずからを抵当としていれ、義務を負ったのである。〔第9節、p. 126f〕

（2g）［犯罪者］犯罪者はいまや債務者であり、この債務者はこれまで享受してきた恩恵や前借りを返済しないだけでなく、債権者に攻撃をしかける者である。被害を受けた債権者、怒り狂った共同体は、この者をそれまで保護してきた状態から、もとの野蛮で法の恩恵を奪われた状態へと追い返す。共同体は、この者を排除するのだ。〔第9節、p. 127f〕

（2h）［刑罰］人間でも動物でも同じことだが、罰することで達成できるのはほぼ、恐怖心を強めること、悪賢さを助長すること、欲望を制御させることにある。刑罰はこうして人間を飼いならすのだが、人間を「より善く」することはない。〔第15節、p. 153〕

（2·i）［〈疚しい良心〉の起源］国家の組織は、人間の原初的な自由の本能に対抗するために、恐るべき防壁を築きあげた。こうした防壁が人間にもたらしたのは、野性的で、自由で、漂泊する人間のすべての本能が向きを変えて、人間そのものに刃向かうようになることだった。敵意も、残酷さも、迫害し、襲撃し、変革し、破壊することの快楽も、すべてがこうした本能の持ち主へと向きを変えたのだった。これこそが「疚しい良心」の起源なのだ。〔第16節、p. 156〕

このようにニーチェによれば、良心は実体的なものではなく、外的規範が内面化して生じたものである。[2] つまり、良心は権力に対する恐怖によって外部から人間内部にもたらされ、道徳的判断はこの良心に基づいてなされることになる。社会契約を結ぶにあたって、人々は自分の自由を制約することを誓う。この一種の屈辱を受け入れることによって社会組織が保持されることになる。ニーチェがここで提案している人間モデルは、肉体的苦痛が内面化され、潜在的に行動を制御するモデルである。そして、このような心理的メカニズムが社会組織の存続を支えているとニーチェは考えている。

2　二〇世紀の実存主義

行為決定の問題に未来における自己実現という観点を取り込んだのは、『存在と時間』（1927）を著したハイデガーである。サルトルは、この自己実現の問題を自由の問題と結びつけて考えた。

ハイデガーの実存主義的主張

ハイデガーの『存在と時間』は多くのテーマを扱っている。そしてそのようなテーマのひとつが、実存的な人間の在り方を描くことであり、これは「本来性（Eigentlichkeit）の哲学」などと呼ばれている。

ハイデガーは、自己実現を目指して企てを続けるものとして人間を描いた。ここでは、ハイデガーが提案した人間モデルを私の言葉に翻訳して、私が理解した限りで描くことにしよう。[3]

（3 a）［人間存在の時間性］人間は特定の状況の中で、自分の過去を引き受けて（被投性、Geworfenheit）未来に向かって行為を企てる（企投、Entwurf）。だから、行為決定と行為遂行を自己実現へ向けての実存的企てとみなすことができる。そして、この企てが決断され実行されるのが現在である。このように人間は、根源的に時間的存在者である。
（3 b）［本来性と非本来性］企てには、本来的なものと非本来的なものがある。本来的な企ては、自分の死を視野に入れた自分の全存在を踏まえての未来に向かっての決断である。非本来的企ては、社会的通念を基盤にした安易な行為決定であり、自らの考察と決断に欠けている。

ハイデガーは、日常生活をおくる多くの人が非本来的状態に陥っていると考えており、これを「頽落（Verfall）」と呼んでいる。ハイデガーの本来性の実存的考察を私なりに翻訳すれば、「自らの生を引き受けるためには、社会的通念から自由になり、自ら作り出し選び出した価値基準に従って行動せねばならない」ということになる。自らの死を直視して決断することをハイデガーが本来的と考えるのは、通俗的価値体系から解放されて自らの価値基準を形成することを本来的とみなすからだろう。

サルトルの実存主義

サルトルは、『存在と無』（1943）において、存在の在り方を次のように、三種に分けた。以下、サルトルの考えのエッセンスを私の言葉で表現することにする。

（４ａ）〔即自存在〕即自存在（être-en-soi）とは、石のように単純に単に在るという仕方で存在しているものである。

（４ｂ）〔対自存在〕対自存在（être-pour-soi）は、人間の在り方を示しており、自分の現状を否定して今とは別の状態を形成できるような存在者である。

（４ｃ）〔対他存在〕対他存在（être-pour-autrui）とは、他者の顕在の仕方を示しており、他者は私にまなざしを向けることによって、私を石のように固定的な即自存在とみなすことができるような存在者である。

（４ｄ）〔自由〕自由とは、人間的現実を孤立させるような虚無を分泌する人間存在の可能性である。〔Sartre 1943: p. 61, 澤田 2008: p. 224〕人間はまず存在し、その後自由であるわけではない。人間の存在と、人間が〈自由である〉ことのあいだには差異がない。〔Sartre 1943: p. 61, 澤田 2008: p. 224〕自由は、自分の欲したものを得るという意味ではなく、むしろ、欲することを自分で決定するという意味である。〔Sartre 1943: p. 563, 澤田 2008: p. 230〕

私の視点から見るなら、この時期のサルトルが、（４ｃ）にあるように、他者を共に生きる者ではなく、自分にまなざしを向ける者としてのみ描いたことには問題がある。しかしここでは、対自存在として描かれた行為主体に注目しよう〔（４ｂ）〕。現在の自分は欠如体としての存在者であり、存在の充足を求めて企てを起こす。そして、その行為遂行の後には、自己の内にまた新たな欠如が発見され、さらに行為を企てる。サルトルによれば、人間は生きている限り、存在の充足を求めて新たな企てを実行し続けることになる。これが「自由の刑に処せられた」人間の生き様である〔Sartre 1943: p. 565; 澤田 2008: p. 230〕。サルトルは、ハイデガーが未来への企投として表現した人間の在り方を、自由として把握しなおした。この自由は、人間の根源的在り方であり、人間は自由から逃れることはできない。また、未来への企ては、見通しの立たない部分を含んでおり、それはひとつの賭けなのである。しかし、サルトルによれば、自ら選択して企てを実行した以上、人間はその帰結を自ら引き受けねばならない。

3　共同的実存

実存的な意味で解された〈よく生きる〉ことの問題を、〈共によく生きる〉ことの問題に結びつけて考察した哲学者に、〈ケアの哲学〉で有名なメイヤロフ（Milton Mayeroff, 1925–1979）がいる。ここでは、メイヤロフとアルベール・カミュ（Albert Camus, 1913–1960）の思想を実存主義との関係の中で考察してみよう。

メイヤロフの実存思想

メイヤロフは『ケアの本質』（1971）で、ケアする人の実存的充足を中心にケアするという行為について分析した。メイヤロフは、ケアを単なる作業ではなく、むしろひとつの生き方として捉えた。(4)

Book review

MAY 2021

5月の新刊

勁草書房
〒112－0005 東京都文京区水道2－1－1
営業部 03－3814－6861　FAX 03－3814－6854
ホームページでも情報発信中。ぜひご覧ください。
http://www.keisoshobo.co.jp

オッカムのかみそり
最節約性と統計学の哲学

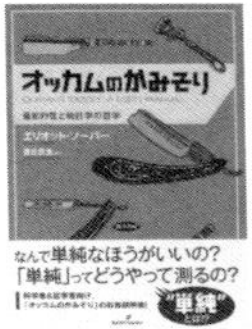

エリオット・ソーバー 著
森元良太 訳

なぜ仮説は単純なほうがよい？「オッカムのかみそり」はどう使う？　この有名な原理を科学や哲学で振るうための使い方マニュアル。

A5判上製 368頁　定価 4950円
ISBN978-4-326-10294-5

間違った医療
医学的無益性とは何か

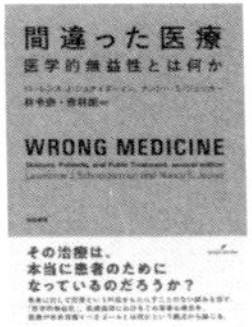

ローレンス・J・シュナイダーマン
ナンシー・S・ジェッカー 著
林 令奈・赤林 朗 監訳

その治療は、本当に患者のためになっているのだろうか？　医療のゴールという観点から、医学的無益性という概念を徹底的に問い直す。

A5判並製 308頁　定価 3520円
ISBN978-4-326-10295-2

動物意識の誕生　上
生体システム理論と学習理論から解き明かす心の進化

シモーナ・ギンズバーグ
エヴァ・ヤブロンカ 著
鈴木大地 訳

動物意識の誕生　下
生体システム理論と学習理論から解き明かす心の進化

シモーナ・ギンズバーグ
エヴァ・ヤブロンカ 著
鈴木大地 訳

Book review

勁草書房

MAY 2021

http://www.keisoshobo.co.jp

5月の新刊

幽玄とさびの美学
日本的美意識論再考

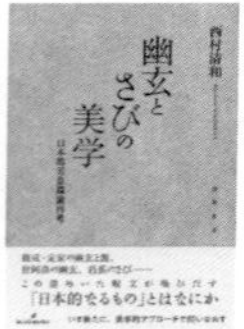

西村清和

日本的美意識といわれる「幽玄・さび」。俊成や芭蕉の歌論や俳論にその実質を検討、「日本的なるもの」の有効性を批判的に検証する。

四六判上製 328 頁　定価 4070 円
ISBN978-4-326-85197-3

5月の重版

なぜ道徳的であるべきか
Why be moral? 問題の再検討
杉本俊介

あまりに常識的で、不道徳な問い？哲学・倫理学上の難問をめぐる多様な立場を俯瞰し、実践理性の観点から一つの回答を提示する。

A5 判上製 292 頁　定価 4950 円
ISBN978-4-326-10291-4　1 版 2 刷

反美学［新装版］
ポストモダンの諸相
ハル・フォスター 編
室井 尚・吉岡 洋 訳

ハーバーマスの「近代＝未完のプロジェクト」をうけ、建築、彫刻、絵画、写真等の現場における変化／ポストモダン状況を論じる。

四六判上製 320 頁　定価 3850 円
ISBN978-4-326-15191-2　2 版 6 刷

双書プロブレーマタⅡ⑤
オースティン 哲学論文集
J. L. オースティン 著
坂本百大 監訳

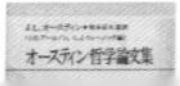

言語行為論の創始者として知られる

ポリティカル・サイエンス・クラシックス4
紛争の戦略
ゲーム理論のエッセンス
トーマス・シェリング 著
河野　勝 監訳

2005 年のノーベル経済学賞受賞・シ

ポリティカル・サイエンス・クラシックス5
ポリティクス・イン・タイム
歴史・制度・社会分析
ポール・ピアソン
粕谷祐子 監訳

歴史は重要である。では、どんな意味

社会科学のケース・スタディ
理論形成のための定性的手法
アレキサンダー・ジョージ
アンドリュー・ベネット 著
泉川泰博 訳

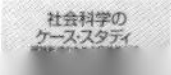

優れた事例研究の進め方とは？　社

四六判上製 496 頁　定価 4620 円
ISBN978-4-326-19885-6　1 版 4 刷

A5 判上製 340 頁　定価 4180 円
ISBN978-4-326-30161-4　1 版 7 刷

A5 判上製 280 頁　定価 3960 円
ISBN978-4-326-30187-4　1 版 3 刷

A5 判上製 400 頁　定価 4950 円
ISBN978-4-326-30214-7　1 版 5 刷

連帯の哲学　I

フランス社会連帯主義
重田園江

究極のエゴイストでも聖人でもない人たちの、ありうる結びつきとは？　彼らに力を与え、「生きる術」となる連帯について考える。

四六判上製 320 頁　定価 3520 円
ISBN978-4-326-35154-1　1 版 2 刷

冷戦史

ロバート・マクマン 著
青野利彦 監訳
平井和也 訳

現代世界はどこから来たのか？　今も続く北朝鮮問題などの混迷を生み出した冷戦の歴史を、コンパクトにわかりやすく紐解いてゆく！

四六判上製 272 頁　定価 3520 円
ISBN978-4-326-35175-6　1 版 3 刷

自由と権利［新装版］

政治哲学論集
ジョセフ・ラズ 著
森際康友 編

民主的な権威概念の可能性を軸に、自由と権利の根底にある公的かつパーソナルなものを開示する。

四六判上製 368 頁　定価 4180 円
ISBN978-4-326-35181-7　2 版 1 刷

スタートアップの知財戦略

事業成長のための知財の活用と戦略法務
山本飛翔

新たなビジネス領域をスピーディーに駆け抜けるスタートアップ。経営に知財を活かすための戦略とその法的アプローチをEXITから逆算して解説。

A5 判並製 304 頁　定価 3960 円
ISBN978-4-326-40375-2　1 版 3 刷

淑徳大学研究叢書 33

地方創生の総合政策論

“DWCM” 地域の人々の幸せを高めるための仕組み、ルール、マネジメント
矢尾板俊平

「政治資本」、「社会関係資本」という「経済資本」を含めた「3つの資本」に着目し、より現実的な地方創生を総合政策論の立場から論じる。

A5 判上製 224 頁　定価 3300 円
ISBN978-4-326-50436-7　1 版 2 刷

選択しないという選択

ビッグデータで変わる「自由」のかたち
キャス・サンスティーン 著
伊達尚美 訳

ネットに氾濫する「あなたへのおすすめ」の数々……。来たるべき世界は効率的なユートピアか？　見えない強制に満ちたディストピアか？

四六判上製 272 頁　定価 2970 円
ISBN978-4-326-55077-7　1 版 4 刷

サーキュラーエコノミー

循環経済がビジネスを変える
梅田 靖・
21 世紀政策研究所 編著

サステナブルな社会の形成に関して欠かせない理念であるサーキュラーエコノミーの全貌を紹介。日本はこれからいかに対応するのか。

四六判並製 208 頁　定価 2200 円
ISBN978-4-326-55085-2　1 版 2 刷

ミメーシスを超えて

美術史の無意識を問う
岡田温司

絵の見方、美術の歴史を「父の機能」の一党支配から開放する戦略とは？

四六判上製 296 頁　定価 4180 円
ISBN978-4-326-85166-9　1 版 3 刷

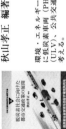

（５ａ）〔ケアするときの相手との合一体験〕ケアの相手が成長するのを助けることとしてのケアの中で、私はケアする対象を私自身の延長のように身に感じとる。〔p. 18〕ケアする際に経験される相手との合一の体験は、寄生的関係で起こる合一とは異なっている。〔p. 19〕（ケアするとき）私は、幸福について私が感じることと相手の成長とが結びついていると感じている。〔p. 19f〕それればかりでなく私は、他者がその成長のために自分を必要としていると感じとる。〔p. 20f〕

（５ｂ）〔ケアの中心〕ケアにおいては、他者が第一義的に大事なものである。すなわち、他者の成長こそケアする者の関心の中心なのである。〔p. 68〕ケアしていくうえで無私（selflessness）という要素が入ってくる。無私は、純粋に関心を持ったものに心ひかれること、すなわち、「より自分自身」に近づくことができるようなものである。〔p. 68f〕

（５ｃ）〔ケアにおける自己実現〕私は、自分自身を実現するために相手の成長を助けようと試みるのではなく、相手の成長を助けること、そのことによってこそ私は自分自身を実現する。〔p. 70〕

（５ｄ）〔自己へのケア〕自己と離れた何物か、あるいは誰かに役立つことによってはじめて、私は自己充足ができるのである。もし私が自分以外の誰か、あるいは何物かをケアできないのであれば、自己へのケアもできないのである。〔p. 106〕

（５ｅ）〔生の意味〕私と補充関係にある対象（appropriate others）を見い出し、その成長を助けていくことをとおして、私は自己の生の意味を発見し創造していく。そして補充関係にある対象をケアすることにおいて、「場の中にいる（In-Place）」ことにおいて、私は私の生の意味を十全に生きるのである。〔p. 132〕

（5 f）〔世界の了解〕私自身の生の中でケアが果たしている中心的役割について、私が理解を深めれば深めるほど、ケアこそ人間のあり方の中で中心的なものと認識するにいたる。私はケアをとおして、またケアされることをとおして、自分の世界をよく了解できるようになる。換言すれば、私は他者の成長と自己実現とに応答し得るものになるのである。〔p. 156〕

このようにメイヤロフは、ケアすることの関係の中で生きることを捉えた。彼は、他者をケアする中で得られる実存的充足を分析した。実存的充足はメイヤロフによれば、単独者としてではなく、他者をケアする者として得られるものである。

単独者の実存から共同的実存へ

メイヤロフのケアの哲学を一種の実存思想と捉えることは、私の提案であり、一般的なものではない。私は、ケアする人の充足は感情的なものではなく、人生全体に関するものだと思う。この充足は、幸福感というよりも、実存的充足と捉えた方が適切だと私は考えている。

メイヤロフは、ケアする際のケアする人の分析を通して、複数の人の生の充足が共同的に行われる場面を描写している。このように、複数の人が関係しあう中で実存的充足が共に生起する状態を「共同的実存」と呼ぼう。実存主義者たちは長い間、キルケゴールに典型的に見られるように単独者の実存の問題を扱ってきた。メイヤロフは、この個人主義的実存から共同的実存へと実存という現象を拡張した。

人は誰も生まれてからしばらくの間、養育者による支えを必要とする。そして年老いたときにもしばしば、再び他者からの助けを必要とする。彼らは単独者としては生きていけない。このケアを必要とする人たちの生の形を描くことも必要だろう。

単独者の実存から共同的実存へ思想的発展を見せた哲学者にアルベール・カミュがいる。カミュは『異邦人』（1942）で生の不条理を描いたが、その後『ペスト』（1947）では不条理に対する共同の闘いを描いている。ペストに対する闘いは、個人でできるものではない。ペストが発生したことが確認された町は閉鎖され、住民たちはある運命を共有する。このような中でいろいろな対応をする市民が出てくるが、情報を共有してペストと闘うグループも出てくる。このグループのうちの何人かはペストにかかって死に、何人かは生き残り、この闘いの成果もあってしばらくするとペストが終息する。ペストと闘ううちに最初はほとんど面識のなかった人々の間に友情が芽生える。そして、そのような友人のうちの何人かが死に、その死に対する敬意が生まれる。『ペスト』の中では、共通の不条理と闘うという共同的実存の問題が描かれている。単独者の実存から共同的実存へという移行は、実存主義が豊かになる過程だったと考えることができると私は思う。いずれにしろ、実存主義が単独者の思想としてとどまる限り、このことがもたらす限界を克服することはできない。

この共同的実存は、〈共によく生きる〉ことと関わっている。そして、私たちが直面している〈新型コロナウィルスとともに生きる〉ことの問題も〈共によく生きる〉ことと関わっていると私は思っている。この感染症では、各個人が勝手に活動することで新規感染者数が増大する。他の人々をいたわる気持ちでそれぞれの人が適切に行動しないと、ウィルス感染が拡大してしまうのである。

4　和辻哲郎の倫理学

和辻哲郎（1889-1960）は、ハイデガー哲学に影響を受け、これを批判的に乗り越えようとして『風土』（1931）を著した。そして、晩年の著作『倫理学』（1937-1949）は、東洋文化の伝統を踏まえて書かれた倫理に関する著作である。しかし方法論的には、後期ハイデガーの解釈学的手法を用いて書かれている。和辻の『倫理学』は、実存主義に属する著作ではないが、倫理を人間の在り方と関係させて論じた著作である。

和辻の倫理学

和辻の哲学の弱点のひとつは、解釈学的手法の説得力の弱さにある。また、文化人類学的テーマが哲学的反省なしに無批判に現れてくるところにも問題がある。和辻は、西洋哲学で近世以来暗黙裡に前提されてきた個人主義を批判し、人間を間柄的存在者として捉えなおそうとする。(5)

（6a）〔個人主義への批判〕個人主義は、人間存在の一つの契機にすぎない個人をとって人間全体に代わらせようとした。この抽象性があらゆる誤謬のもととなるのである。近世哲学の出発点たる孤立的自我の立場もまさにその一つの例にほかならない。〔序論第1節、（一）p. 19〕

（6b）〔人と人との間柄〕倫理問題の場所は孤立的個人の意識にではなくしてまさに人と人との間

柄にある。人と人との間柄の問題としてでなくては行為の善悪も義務も責任も徳も真に解くことができない。〔序論第１節、（一）p. 20〕

（６ｃ）〔主体的共同存在〕知る主体、騒ぐ主体としての世間は、人と人との間の行為的連関でありつつしかもこの連関における個別的主体を超えた共同的な主体、すなわち主体的共同存在にほかならない。〔序論第１節、（一）p. 33〕

（６ｄ）〔間柄的存在〕我々は、わかり切った日常の事実として、我々が常に何らかの資格において動いていること、その資格は何らかの全体的なるものに規定せられていること、しかもその全体的なるものは一定の資格における我々が作り出すところの間柄であること、などを確定することができる。簡単に言えば、我々は日常的に間柄的存在においてあるのである。しかもこの間柄的存在はすでに常識の立場において二つの視点から把捉せられている。ひとつは間柄が個々の人々から「間」「仲」において形成せられるということである。この方面からは、間柄に先立ってそれを形成する個々の成員がなくてはならない。他は間柄を作る個々の成員が間柄自身からその成員として限定せられるということである。この方面から見れば、個々の成員に先立ってそれを規定する間柄がなくてはならない。この二つの関係は互いに矛盾する。しかもその矛盾する関係が常識の事実として認められているのである。〔序論第１節、（一）p. 88f〕

このように、和辻はまず西洋の個人主義的倫理思想を批判する。というのも、個人としての人間はすでに共同存在の中に位置づけられて存在しているからである。このような共同的存在形態を個人的存在形態と相補的に考えるところに、和辻倫理学の特徴がある。

和辻倫理学の思弁性

和辻は、ハイデガーだけでなく、ヘーゲルや西田幾多郎（1870–1945）や田辺元（1885–1962）から影響を受けている。西田幾多郎や田辺元などの思索においても、ヘーゲルの弁証法に影響を受けた言い回しが現れる。和辻は、そのような文脈の中で否定概念を軸にした言語を語ることになる。

（7a）〔個人自身と全体者自身の不在〕我々は間柄を形成する個々の人を突きとめようとして、それが結局共同性のうちに消え去るのを見た。個々の人はそれ自身においては存しないのである。しかるに今やその共同的なるもの全体的なるものを突きとめようとして、逆にそれが個人の独立性の否定にほかならないことを見いだした。全体者もまたそれ自身においては存しないのである。〔第1章第4節、（一）p. 154〕

（7b）〔個人と全体者の存在の仕方〕全体者が個人の独立性の否定において成り立つというとき、そこには否定し制限せられる個人の独立性が認められている。したがって、個々の人は全体性との連関においては存しているのである。同様に個人の独立性が共同性の否定において成り立つというとき、そこには否定し背反せられる全体性が認められている。したがって全体者もまた個人の独立性との連関においては存していると見られねばならない。そうすれば個人と全体者とは、いずれもそれ自身において存せず、ただ他者との連関においてのみ存するのである。〔第1章第

4節、（一）p. 154〕

（7c）〔人間の間柄的存在〕他者との連関において存在するということは、他者を否定するとともに他者から否定せられることにおいて存在するということにほかならない。人間の間柄的存在とは、かかる相互否定において個人と社会とを成り立たしむる存在なのである。〔第1章第4節、（一）p. 155〕

（7d）〔個人の存在規定〕個人は、〈己れの本源たる空〉の否定として、個人となるのである。それは、絶対的否定性の自己否定にほかならない。〔第1章第4節、（一）p. 178〕

（7e）〔絶対的全体性〕絶対的全体性は、絶対的否定性にほかならない。〔第1章第4節、（一）p. 179〕

（7f）〔強制〕強制を含意する人間結合は、絶対的否定性が自己否定を通じて己れに還るところの否定の否定の運動そのものなのである。だからこそ強制は、個人への外からの規制でありながら、しかも同時に己れの本源からの自己規制でありうる。〔第1章第4節、（一）p. 179〕

（7g）〔人間存在の根本構造〕間柄的存在の否定的構造は、かくして絶対的否定性の否定を通ずる自己還帰の運動として明らかにせられる。これが人間存在の根本構造なのである。〔第1章第4節、（一）p. 179〕

このような和辻による人間に対する存在規定は、思弁的なものであり、私にとっては受け入れがたいものである。私としては、思弁的な言語ではなく、論理的・数学的に規定可能な概念を用いて考察を展開したい。例えば、私が考察の基盤としてきた部分全体関係は束論という数学的体系を用いて精確に特徴づけることができるものである〔中山 2019〕。そして私の考えでは、「間柄的存在」と呼ばれる共同体はその構成員たちの共有信念を基盤にして存在することを認められるものである〔本書第九章〕。

和辻倫理学における共同存在

和辻は、個人的存在ではなく共同存在こそが人間の本来的な在り方だとし、個人的存在は共同存在の欠如態であると考える。

（8a）〔私的存在〕私的存在は公共性の欠如態としての人間存在である。〔第3章第1節、（二）p. 87〕

（8b）〔個人〕根源的空間性の欠如は、主体的な空間的連絡の切断である。そこには行為的連関における「張り」が失われ、主体の存在は存在の意義を失って孤立的な有になる。アトム的な我、個人としての我と呼ばれるものは、これにほかならないであろう。個人はいわば空間性の否定としての点のごときものなのである。かく根源的な空間性が欠如するとともに、主体的な現実としての人間存在は消え去り、それに代わって個人主観を中心点とする遠近法的な空間界が成立する。〔第3章第1節、（二）p. 87f〕

（8c）〔二人共同体（夫婦共同体）〕親密な我汝関係においては、自他の存在の奥底にまで互いに参与することを許しあうのみならず、さらにその参与を相互に要求しあう。〔第3章第2節、(二) p.96〕二人共同体がこのような相互参与において成り立つとき、この相互参与は二人の存在を浸透し、それを一つの共同的存在ならしめる。一人の苦しみは他にとっても苦しみであり、一人の名誉は他にとっても名誉である。存在のどの陰影も二人にとっての陰影であり、存在のどのすみずみもが二人によって形成せられる。このような二人の間にあっては、「私」はもはやどこにも存することができない。〔第3章第2節、(二) p.97〕

(8d)〔三人共同体(親子共同体)〕親子の関係は三人関係でなければならない。両親の間に生まれた子がいかに多数であっても、親子の関係は父母子の関係である。多数の子を含む家族はこの三人関係の複合なのであって、多数人関係なのではない。〔第3章第2節、(二) p.160〕

(8e)〔同胞共同体(兄弟共同体)〕兄弟的存在共同は、男女の二人共同体におけるように強い私的性格を持たない。それは兄弟が互いに相手の存在のすみずみにまで参与することを要求しないからである。相手は互いにその秘すべきことを秘してもよい。かかる秘密が残されていることは兄弟的存在共同には何の妨げにもならない。〔第3章第2節、(二) p.196f〕

二人共同体、三人共同体、同胞共同体は、いずれも家族共同体に属する。和辻はさらに、親族、地縁共同体、文化共同体、国家へと議論を続けていく〔第3章第3節〜第7節〕。二人共同体が最も私的側面が強い共同体であり、国家は最も公的側面が強い共同体ということになる。ここでも和辻の記述は、私たちがすでに受け入れている夫婦や親子という既存の共同体に寄りかかって成り立っており、それぞれの共同体の存在根拠が十分に説明されていない。

和辻の国家論

和辻は、存在論的に独立の個人を前提にしているという理由から社会契約説を批判している〔第3章第7節、(三) p. 22f〕。しかし和辻自身の社会的なものに対する説明も、「法の力は神聖である」という主張に見られるように説得力に乏しいものである。

(9a)〔公そのものとしての国家〕人間存在にあって共同性は閉鎖性を伴うものである。しかし、「私」をことごとく超克して徹頭徹尾「公」であるところの共同体が、「公」そのものとしての国家である。〔第3章第7節、(三) p. 15〕

(9b)〔人倫的組織としての国家〕国家は家族より文化共同体に至るまでのそれぞれの共同体におのおのその所を与えつつ、さらにそれらの間の段階的秩序、すなわちそれら諸段階を通ずる人倫的組織の発展的連関を自覚し確保する。国家はかかる自覚的総合的な人倫的組織なのである。〔第3章第7節、(三) p. 16〕

(9c)〔人倫の体系としての国家〕国家は、私的存在を媒介として共同性を実現するという人倫の運動を、包括的に保証し、統一的に組織するところの、人倫の体系にほかならない。したがって国家は、己れの内に一切の私的存在を包摂し、それを絶えず公に転ずる。〔第3章第7節、(三) p. 18〕

郵便はがき

恐縮ですが
切手をお貼
りください

112-0005

東京都文京区
水道二丁目一番一号

勁草書房
愛読者カード係行

(弊社へのご意見・ご要望などお知らせください)

・本カードをお送りいただいた方に「総合図書目録」をお送りいたします。
・HP を開いております。ご利用ください。http://www.keisoshobo.co.jp
・裏面の「書籍注文書」を弊社刊行図書のご注文にご利用ください。ご指定の書店様に至急お送り致します。書店様から入荷のご連絡を差し上げますので、連絡先(ご住所・お電話番号)を明記してください。
・代金引換えの宅配便でお届けする方法もございます。代金は現品と引換えにお支払いください。送料は全国一律100円(ただし書籍代金の合計額(税込)が1,000円以上で無料)になります。別途手数料が一回のご注文につき一律200円かかります(2013年7月改訂)。

愛読者カード

15476-0　C3010

書名　共に社会を生きる人間

りがな
名前　　　　　　　　　　　　　　　　（　　　歳）

ご職業

ご住所　〒　　　　　　　　　　お電話（　　　）　　－

本書を何でお知りになりましたか
書店店頭（　　　　　　　書店）／新聞広告（　　　　　　　新聞）
目録、書評、チラシ、HP、その他（　　　　　　　　　　　　　）

本書についてご意見・ご感想をお聞かせください。なお、一部を HP をはじめ広告媒体に掲載させていただくことがございます。ご了承ください。

◇書籍注文書◇

最寄りご指定書店

市　　町（区）

書店

（書名）	¥	（　　　）	部
（書名）	¥	（　　　）	部
（書名）	¥	（　　　）	部
（書名）	¥	（　　　）	部

※ご記入いただいた個人情報につきましては、弊社からお客様へのご案内以外には使用いたしません。詳しくは弊社 HP のプライバシーポリシーをご覧ください。

（9d）〔神聖な力としての法の力〕法の力は神聖な力であって腕力ではなく、また腕力よりも強い。このことは、我々の解釈によれば、法の力が生ける全体性の力であるということ、およびこの全体性の力がいかなる個人の力よりも強いことはそれが聖なるものとして把捉せられたときにすでに定まっているのだということを意味する。個人が社会の多数者と格闘し、その経験によって全体の力の優位を認めるというようなことは、近代人の単なる空想に過ぎない。人はすでに聖なるものの認められている社会の中へ生まれてくる。〔第3章第7節、（三）p. 26〕

（9e）〔国家による倫理の実現〕国家の行う強制作用は刑罰と強制執行であるが、国家はこれらを行う仕方、種類、程度などを法として明確に規定し、力による強制が決して恣意によるものではなくして「公」のものであり、したがって一定の理法に基づくものであることを示している。この理法は法の根底たる倫理であって法ではない。国家はさまざまな人倫的組織を外護し、力による強制をもってその実現を保証するのであるが、この活動そのものにおいてもまた自ら倫理を実現するのである。〔第3章第7節、（三）p. 29〕

（9f）〔憲法〕自覚的人倫的組織としての国家の根本構造は、通例国家の憲法の中に表現せられている統治関係である。〔第3章第7節、（三）p. 30〕

（9g）〔国家としての全体性〕人間存在におけるさまざまな全体性はいずれも絶対的全体性の自己限定にほかならないが、かかる有限な全体性のうちおのれの根源を自覚してこれを現実的な構成にもたらしたものは、国家としての全体性にほかならない。〔第3章第7節、（三）p. 30〕

（9h）〔天皇と臣民〕天皇はその臣民が人倫の道を踏むことを欲したもうのであり、従ってこの御心に添いまつることが忠をつくすゆえんとなるのである。かかる忠良の臣民は国家の危急に当たっては言うまでもなく不惜身命の献身的態度に出るのであるが、日常の行為に当たってもそれぞれその持ち場を死守し責任を回避せざる真の人倫的勇気を発揮し得るのである。〔第3章第7節、(三) p. 55〕

(9・i)［人倫の道］人倫の道は、万民をしておのおのその所を得しめることと言い表わせる。万民が「所を得る」とは、国家の包摂せるあらゆる人倫的組織がそれぞれ真に人倫的に実現されるということである。究極の目的は人倫の道であって個人の幸福ではない。〔第3章第7節、(三) p. 56〕

(9・j)［正義］万人に所を得しめることを我々は「正義」と呼ぶことができるであろう。それはいかなる人もがそれぞれ私的存在を媒介として共同存在を実現し得るように、そうしてそれらの道の実現の統一として国家の成員たり得るように、仕向けることである。〔第3章第7節、(三) p. 56〕

和辻は、国家を自覚的総合的な人倫的組織として規定している〔(9b)〕。和辻の国家論は、国家を共同存在の一形態としてそのまま正義として正当化してしまう危険をはらんでいる。和辻の倫理学は、個人主義的倫理体系を批判するという特徴を持つが、共同体成立の条件を十分に描ききれなかった。また、人倫の道は個人の幸福に対して優先されるべきものだと論じている〔(9i)〕。和辻の国家論は、天皇を頂点とした戦前の日本の国家体制と整合的な内容を持っているように思われる。

5　実存主義的アプローチに関する考察

この節では、本章で扱った実存主義とそれを補う形での共同存在に基盤をおく倫理的アプローチについて、私の立場からあらためて考察したい。

実存主義と単独者の思想

キルケゴールもニーチェも、ヘーゲル哲学に対して反発した。また、彼らはともに孤独な哲学者であり、病弱であり、社会の周辺でひっそりと生きていた。彼らの著作は、出版当時ほとんど売れず、生存中は注目されていなかった。彼らの著作が真剣に受け取られはじめたのは、二〇世紀に入ってからだった。一九一四年に第一次世界大戦がはじまり、多くの死者が出、ヨーロッパの都市は徹底的に破壊された。特に、オーストリアとドイツというドイツ語圏は敗戦国となり、経済的に悲惨な状況に陥った。こうして、不安と絶望に支配された当時のドイツ語圏の知識人たちによって、キルケゴールとニーチェの著作が再発見されることになる。

第一次世界大戦後のドイツにおいて、歴史の最終段階で理性と現実が一致するというヘーゲルの歴史観の信憑性は地に落ちていた。そしてこの絶望の時代において、ヘーゲル哲学を徹底的に批判していたキルケゴールやニーチェが注目されることになる。ハイデガーは、フッサール（Edmund G. A. Husserl, 1859–1938）の現象学やディルタイ（Wilhelm C. L. Dilthey, 1833–1911）の解釈学などから影響を受けたが、キルケゴールからも影響を受けて、『存在と時間』を執筆している。また、ヤスパースもキルケゴールから強い影響を受けている。

ちなみに、オーストリア生まれのヴィトゲンシュタイン（Ludwig J. J. Wittgenstein, 1889-1951）は一九二一年に『論理哲学論考』を著し、ウィーンを中心に活動した論理実証主義者たちに注目されたが、ドイツ哲学界では無視されていた。またフランス哲学界では、レヴィナス（Emmanuel Lévinas, 1906-1995）やサルトルによってフッサールの現象学やハイデガー哲学が受容され、それらを受けとめながら新たな思想を生み出す試みがなされることになった。

実存主義をヨーロッパの中のひとつの思想潮流として位置づけたのは、サルトルである。サルトルにとって実存主義は、自らの生きる道を自らが決定し、その自己決定に責任を持つことを根本原理とした生の哲学だった。そのような自らの決断に基づいた生き方が多くの人に可能になるのは、資本主義と民主主義の発展によっている。身分制度が固定的であった時代には、多くの男性には職業選択の可能性は閉ざされ、多くの女性には恋愛結婚も職業につくことも困難だった。だから実存の問題は、二〇世紀に入ってからはじめて本格的に意識されるようになったのである。

本書で実存主義を肯定的に取り上げるのは、本書第Ⅱ部で提案される人間モデルが許容空間の中で自由意志に基づいて行為選択をするというものだからである。制度的制約が強固であった時代には行為選択の幅は小さかったが、現代では自由が保障され、行為選択の幅が大きく広がることとなった。このような時代においては、何を選択したらいいかについて人々は悩むようになるのである。

共同的実存と倫理体系

実存哲学は長い間、孤独な単独者の哲学にかたよっていた。しかし、生きることの問題は成人の孤独者だけの問題ではない。幼児や子ども、介護を必要とする病人や老人などにも生きることの深刻な問題がある。これらの人たちは、単独で生きることができず、生き続けるためにも他者からの支援を必要とする〔中山 2020〕。ケアの問題が、ここから生まれる。そしてメイヤロフは、ケアの問題を実存の問題と結びつけて考察したと私は考えている。

ケアの哲学では、ケアする人はケアされる人の欲求充足のための手段として位置づけられる。ケア行為の間は、ケアされる人の欲求充足を実現することによってケアする人にしばしば実存の充足が与えられる。そして極端な場合には自己犠牲が起こる。例えば、爆撃の標的になったわが子を救うために母親が子の上に身を挺して子どもの命を守ることがある。このようなとき、母親は義務からではなく、自ら望んで子どもの命を守る行為をしていると言っていいだろう。こうした状況下では、単独の母親の生というものを考えることができない。母親は、子どもが生きるのを支えることに自らの生きる意味を見出しているのである。このようなとき、母親の幸福を子どもの幸福と切り離して評価することはできない。

〈共によく生きる〉というときの〈よい〉ということには、実存的充足が含まれている。このときの〈よい〉は単に倫理的でも快楽主義的でもなく実存的充足も含まれていると私は考えている。ケアする人は、ケアされる人と〈共によく生きる〉。ケアする人が倫理的義務感から定められたことをしても、ケアされる人が満足するとは限らない。ケアされる人に寄り添い、そこから自分がすることを計画し実行することでケアされる人の満足が得られ、そのことによってケアする人が満足する。このようにして、ケアの場面で〈共によく生きる〉ことが実現される。

また和辻倫理学には、西洋の個人主義的哲学に対する批判の姿勢がある。しかし、主体的共同存在というものがどのようなものであるかについての詳細な描写が十分にできていない。例えば、ジョン・サール（John R. Searle, 1932–　）やトゥオメラ（Raimo Tuomela, 1940–　）などによって議論された我々－志向性（We-Intentionality）の問題は和辻倫理学には現れてこない。この主体的共同存在の解明には、集団的志向性の分析が必要になる。私たちは、本書第Ⅱ部でそのような分析に取り組むことになる。

第五章　現代哲学とその周辺

人間とはどのようなものなのか？　この問いに対する回答の試みは、現代では哲学以外の領域でもなされている。ここでは、精神分析学、生物学、脳科学、行動経済学という領域でのこの問いに対する回答の試みを見ていきたい。

1　フロイトの自我論

オーストリアの精神分析家フロイト（Sigmund Freud, 1856–1939）は、意識と無意識に関する理論を構築したが、晩年に「自我とエス」（1923）という論文を著し、ひとつの人間モデルを提案した。それは、悩める人間の問題を生物学的関心に基づいて記述するためにフロイトが考え出した人間モデルであり、社会的規範がいかに個人の心理的メカニズムに組み込まれていくのかを説明するモデルである。もちろん彼の人間モデルは、神経症の治療に役立てるために考え出されたものだが、自分の全人生を振り返って構築したものでもある。ここではこの論文をもとにして、フロイトの自我論を紹介したい。

フロイトの自我論におけるエスと自我

フロイトは、成熟した人間をエス（Es）と自我（Ich）と超自我[1]（Über-Ich）から構成されるものとして描いた。そして、人間はエスから出発して、発達過程でこのような三層の構造化がなされていくとした。エスは、知覚システムを支える生物学的機構である。それが発達過程で分化して、エスに自我と超自我という機能が加えられていくとフロイトは考えた。

（1a）〔自我とエス〕個人とは、一つの心的なエス、未知で無意識的なものである。自我はその表面にのっているのであり、自我からその核として知覚（W）システムが形成される。自我はエスの全体を覆うものではなく、胚芽が卵の上にのっているように、知覚（W）システムが自我の上にのっている範囲に限って、自我はエスを覆っているのである。自我とエスの間に明瞭な境界はなく、自我は下の方でエスと合流している。〔p. 221〕

（1b）〔抑圧されたもの〕抑圧されたものもエスと合流するのであり、その一部を構成するにすぎない。抑圧されたものは、抑圧抵抗によって自我と明瞭に区別されるのであり、抑圧されたものはエスを通じて自我と連絡することができる。〔p. 221f〕

（1c）〔エスと自我〕エスは、知覚 – 意識（W-Bw）システムの媒介のもとに、外界の直接的な影響を受けて変化する。自我はこのエスの一部であり、ある程度は表面の差異化を引き継いだものであることはすぐに明らかになる。自我はさらに、外界の影響をエスとその意図に反映させようと努力するのであり、エスを無制限に支配している快感原則の代わりに、現実原則を適用させようと努めるのである。自我において知覚が果たしている役割は、エスにおいて欲動が果たしている役割に一致する。情熱を含むエスとは対照的に、自我は、理性や分別とでも呼べるものを代表している。〔p. 222〕

フロイトは、動物としての側面を生きることにおいて人間は最も根源的であると考え、この人間の動物としての側面を「エス」と名づけた。「エス」はドイツ語の三人称単数中性の人称代名詞であり、普通ものや生物体に対する代名詞として使われ、日本語の「それ」にあたる。乳幼児においては、快感原則に支配されたエスに基づく行動だけがなされる。成長とともに、分別を持つ判断をする自我がエスの表層に作られ、行動決定に影響をおよぼす。

フロイトの自我論における自我と超自我

フロイトの自我論では、超自我の形成はエディプス・コンプレックスと結びついている。フロイトによれば、道徳は超自我の形成から発生する。

（2a）［超自我（自我理想）］超自我は、自我の一部であり、自我の中で差別化が起こり形成される。〔p. 226〕
（2b）［エディプス・コンプレックス］少年の成長について簡略化して記述すると、次のようになる。ごく早い時期に、母に対する対象備給（Objektbesetzung）が発展する。これは、最初は母の乳房にかかわるものであり、委託型対象選択（Objektwahl nach dem Anlehnungstypus）の原型となる。一方で少年は同一化によって父に向かう。この二つの関係はしばらく併存しているが、母への性的な欲望が強まり、父がこの欲望の障碍であることが知覚されると、エディプス・コンプレックスが生まれる。父との同一化は、敵対的な調子をおびるようになり、母との関係において自分が父の場所を占めるために、父を排除したいという願望に変わる。これからは父との関係は、アンビヴァレントなものになる。〔p. 232〕
（2c）［超自我の形成］エディプス・コンプレックスに支配されている性的な発展段階においては、もっとも一般的な帰結として自我の中に〈沈殿（Niederschlag）〉が起こると想定できる。この〈沈殿〉はなんらかの形で二つの同一化が結びついて生み出されるものである。この自我の変化は特別な地位を保持するものであり、自我理想または超自我となる。これは自我の他の要素と対立するものである。〔p. 236〕
（2d）［超自我と二重の規範］超自我は、エスの最初の対象選択の残滓（Residuum）にすぎないものではなく、これに対する強力な反動形成（Reaktionsbildung）という意味をもつ。自我に対する超自我の関係は、「おまえは（父のように）あらねばならない」という勧告（Mahnung）につきるものではなく、「おまえは（父のように）あってはならない、つまり、父のすることとすべてを行ってはならない」という禁止を含むものである。自我理想のこの〈二つの顔〉は、自我理想がエディプス・コンプレックスの抑圧を行うという事実から生まれるものである。自我理想はそもそも、エディプス・コンプレックスの抑圧というこの急激な転換によって成立するのである。〔p. 236f〕

（２e）〔超自我と良心〕超自我は父の性格を得ることになり、エディプス・コンプレックスが強いほど、そして（権威、宗教的な教え、教育、読書などを通じて）抑圧が急速に行われるほど、のちになって超自我は良心として、あるいは無意識的な罪責感として、強力に自我を支配することになる。〔p. 237〕

フロイトは、G・グロデック（Georg Groddeck, 1866–1934）の『エスの書』（1923）に言及し、さらにグロデックがニーチェの影響を受けていることを註で指摘している〔p. 220〕。このように、道徳心の形成に関するフロイトの議論も『道徳の系譜学』のニーチェの議論から影響を受けていることは明らかだろう。（２e）で表現されているようにフロイトによれば、良心は内在的・本質的なものではなく、エディプス・コンプレックスの抑圧によって形成される。私は、フロイトの人間モデルはよくできたモデルだと考えている。実際、本書第Ⅱ部で私が提案する人間モデルもフロイトのモデルに近いものである。

2　共同存在の生物学的基盤

この節での議論は、「母子関係の存在論的分析」という私の論文を基盤にしている〔中山 2016b; Nakayama 2017a〕。哺乳動物が孤立的存在者ではないことを、ここで私は示したい。つまり、人間の共同性は生物学的基盤を持っている。すべての生物体は、自己存続と種の存続を可能にするような内部構造を持っている。しかし近世哲学では、生物個体の自己存続の面だけが強調され、種の存続の側面はほとんど無視されてきた。実際、種の存続について私たちがある程度精確に語ることができるようになったのは、ダーウィン（Charles R. Darwin, 1809–1882）が進化論を提案してからのことである。

種存続のための生物体の戦略

生物は、さまざまな戦略を用いて種を存続させてきた。脊椎動物の親子関係に関しても、多様な形態がある。これは、生物体が自らの子孫を残すために異なる戦略をとるためである。種は、子孫を残すことを通してしか存続できない。哺乳類は、少ない数の子どもを産み、それら子どもを手厚く育てる戦略をとって子孫を残すタイプの生物である。そして人類は、この子育てに特に力を注ぐ生物であり、生物学的な意味での子育てだけでなく、社会的・文化的子育ての場となる教育システムも発展させてきた。特に現代人は、子育てに非常に長い時間と労力をさいている。

魚類では、一匹一匹に対するきめ細やかな子育て戦略がとられることはなく、生存の確率は環境と偶然に依存する割合が大きい。爬虫類、鳥類などでは、少なく産んで大事に育てる戦略の方へシフトしていくが、特徴的なのは哺乳類における妊娠・出産・子育てのプロセスである。そこでは、母子の間に長期間にわたる濃密な関係が見られる。

哺乳類の場合、魚類に比べて、一回の出産で生まれる子どもの数ははるかに少ない。そして哺乳類では、子どもと母親の間に密接な関係が築かれる。哺乳類の子どもは未熟であり、母親（あるいはそれを代行する個体）を欠いてはそもそも生きていけない。この特性は、魚類との大きな違いである。哺乳類には、大きく分けて、単孔類と有袋類（後獣類）と有胎盤類（正獣類）とがある。単孔類は、カモノハシに見られるように、卵生の哺乳類のことである。有袋類はかつて世界中の広い地域に生息していたが、現在では主にオーストラリア区（オーストラリア大陸とパプアニューギニア等）を中心に生息している。

有胎盤類においては、受精卵は胎盤を通して与えられる栄養を受け取って子宮内で成長し、その後出産される。出産後は、子どもは母親から空間的に分離され、より大きな自由度を得るが、食物を自ら獲得することはできず、生き延びるためには養育者に依存するしかない。授乳期の子どもは、養育者によって生かされている存在者であり、まだ自立した存在者ではない。

有胎盤類にもさまざまなタイプの動物が属している。また、母子関係の濃密度は一度に出産する子どもの数によっても変わってくる。ニホンザルは一度に一匹を出産するのが普通であるが、豚は一回の分娩で約十匹を出産する。多くの子どもを出産する哺乳類では、生まれた直後から子どもたちの間で生存競争が始まる。健康で強い子どもでなければ、母親の乳を吸うことに成功して生き延びることはできない。これに対し、一匹しか生まれない種類の子どもの場合には、たいてい、母親に手厚く保護される。例えば、ニホンザルの母ザルは奇形の子ザルでも手厚く育てようとし、子育てを放棄しない〔中道 1999: pp. 74-88〕。

多くの哺乳類は群れで生活し、群れの中で子育てをする。群れの中で順序づけが共有され、ここに共同的秩序が生まれる。だから多くの哺乳類は、孤立した存在者ではなく、共同的存在者である。子育てには手がかかり、共同体の中で協力的に子育てがなされる必要が出てくる。そして子育ては、哺乳類にとって種の存続のために欠かせないものである。

人類の子育て

ここからは、人類に注目しよう。まず、妊娠から乳児までの母と子の関係を記述することにしよう。子どもが離乳期にいたれば、子どもの母親に対する依存度は大きく減少する。そこでここでは、乳児期までの関係に注目する。以下の記述は、有胎盤類全般に関しても当てはまる。

（3a）〔持続的システム〕持続的システムは、部分の消滅や部分の入れ替えを超えて存続するシステムである。

（3b）〔妊娠前の状態〕妊娠前には、後に母になる女性しか存在しない。また、この女性はひとつの完全な持続的システムである。

（3c）〔妊娠時の状態〕妊娠時における女性と胎盤と胎児の（四次元的）融合体を「妊娠中の母」

と呼ぼう。このとき、この女性と妊娠中の母は、どちらも単独で生存でき、完全な持続的システムである。これに対し、胎児は単独では生存できない。胎盤の機能は、母体側と胎児側の栄養素、老廃物、ガスの交換にある〔酒井 2015: p. 155〕。そして、妊娠中の母はひとつの空間的連続体をなしている。

（３ｄ）〔出産直後の状態〕母と子の（四次元的）融合体を「母子関係システム」と呼ぼう。出産直後、母と子はどちらもシステムである。出産において、子は妊娠中の母から空間的に分離する。そして胎盤は出産直後に、それまで与えられていた役割を完了する。出産によって、母子関係システムは空間的に分離したシステムとなる。そして出産後、授乳が始まる。

（３ｅ）〔乳児期の状態〕乳児期において、母と乳児はそれぞれシステムである。また母と乳児の融合体には、システムと捉えることができる時間的部分とそう捉えることが適切でない時間的部分の両方が含まれている。

（３ｆ）〔乳児期以後の状態〕母子関係システムは、子どもが完全に自立することを目標としたシステムである。だからこのシステムは、子どもが完全に自立した時点で終結する。

システムは、空間的に連続している必要はない。しかし、システムの諸部分は、システムの存続を可能にするような因果関係で結ばれており、そのようにしてシステムの存続を保つものでなくてはならない。

子どもがシステムとして完全に自立する以前に、母子関係システムが作動し、子どもの生存を支えている。妊娠時においては、母子関係システムは生物学的メカニズムを通して自動的に維持されていた。出産後は、母子関係システムは母親の意図によってコントロールされるようになる。言い換えると、母親は意図的に乳児の生存を支えようとする。あるいは、母親のそのような意図があってはじめて乳児は生き続けることができると言ってもいいだろう。出産直後は、母親というシステムと母子関係システムが支配的であり、特に人間の場合、乳児としての子どものシステムは不十分にしか機能していない。つまり人類の場合、子どもは極端に未成熟な生物体として生まれてくるのである。

子どもを育てるとき、母親は自らを子どもの生存維持のための道具的存在者として意図的に位置づける。普通、人間は自分以外のものを道具として利用する。しかし、子育てにおいては、道具と養育者との関係は反転する。養育者は、子どもの生存を目的とし、自らをその目的のための道具として位置づける。乳児の生存を維持するために、母親は自分中心ではなく、子ども中心の生活を営むようになる。そして、この性向は種の存続のためにきわめて重要な役割をはたしている。このような母親の自己犠牲の姿勢は、哺乳類に多くみられるものであり、生物学的特性である。

3　行為主体のモデルとしての二重システム論

最近、意思決定には二重のシステムが関わっているという仮説が複数の分野から提案されている。この節では、脳科学における意思決定の二重システム論と心理学・行動経済学における意思決定の二重システム論を紹介したい。

意思決定に関する脳科学モデル

ここでは、意思決定に関する脳科学のモデルを紹介したい(2)。意思決定システムに関して、二つの異なる神経系のシステムがあることは脳科学者たちによって広く認められている。ここでは坂上雅道らの記述に従って、これら二つのシステムについて記述することにする〔坂上・山本 2009; 中山 2011: pp. 95–98〕。

坂上らによれば、意思決定には顕在的なものと潜在的なものとの二つがあり、これらはそれぞれ脳の別の部位で処理されている。

（４ａ）［潜在的意思決定］これは、意思決定過程が潜在的な（意識されていない）場合であり、大脳基底核の活動を基盤としている。

（４ｂ）［顕在的意思決定］これは、意思決定過程が意識されている場合であり、大脳の前頭前野の活動を基盤としている。

この意思決定のメカニズムを説明するモデルとして有力なものに、ドウらによる仮説がある。彼らによれば、脳における行動決定は、二つの異なる制御システムを基盤にしてなされている〔坂上・山本 2009: p. 34; Daw *et al.* 2005〕。

（５ａ）［モデルフリーシステム］この制御システムは、確率的に安定な予測を可能にする。またこの制御は、中脳ドーパミンニューロンとその投射先である大脳基底核によって構成される神経回路によって実現されている。

（5b）［モデルベースシステム］この制御システムは、生体の行動に関する内部モデルを用いる。またこの制御は、前頭前野を中心とする大脳皮質内の回路が重要な役割をはたしており、顕在的（意識的）な意思決定とも密接な関係がある。

坂上らによれば、ヒトの意思決定の特徴は、目の前の小さな報酬に対する行動を抑制して、将来のより大きな報酬を得るための行動を選択できることにある。内部モデルは、これを可能にするものである。内部モデルは、連合の連合とそれを階層的に組織化した脳内情報のネットワークによって形成されているものと推測される。このような内部モデルは複数用意されており、自己に関するモデル、特定の他人に関するモデル、社会に関するモデル、といったように状況・文脈に応じて使い分けられる〔坂上・山本 2009: p. 35; 中山 2011: p. 97〕。

カーネマンの二重システム理論

ノーベル経済学賞を受賞した心理学者ダニエル・カーネマン（Daniel Kahneman, 1934-　）は、『ファスト&スロー』（2011）において意思決定に関する二重システム理論を提案している。カーネマンは、脳の中の二つのシステムを区別し、それらを「システム1」と「システム2」と名づけている。システム1は、潜在的意思決定に関わるシステムであり、システム2は顕在的意思決定に関わるシステム

である。そして、システム1は直感として私たちが理解している判断に相当する。(3)

（6a）［システム1（速い思考）］システム1は、自動的に高速で働き、努力はまったく不要か、必要であってもわずかである。また、自分のほうからコントロールしている感覚は一切ない。〔上巻 p. 41〕

（6b）［システム2（遅い思考）］システム2は、複雑な計算など頭を使わなければできない困難な知的活動にしかるべき注意を割り当てる。システム2の働きは、代理、選択、集中などの主観的経験と関連づけられることが多い。〔上巻 p. 41〕

（6c）［二つのシステムの相互作用］

［1］システム1は、印象、直感、意志、感触を絶えず生み出してはシステム2に供給する。システム2がゴーサインを出せば、印象や直感は確信に変わり、衝動は意志的な行動に変わる。万事とくに問題のない場合、つまりだいたいの場合は、システム1から送られてきた材料をシステム2は無修正かわずかな修正を加えただけで受け入れる。そこであなたは、自分の印象はおおむね正しいと信じ、自分がいいと思うとおりに行動する。〔上巻 p. 48f〕

［2］システム1が困難に遭遇すると、システム2が応援に駆り出され、問題解決に役立つ緻密で的確な処理を行う。システム2が動員されるのは、システム1では答を出せないような問題が発生したときである。〔上巻 p. 49〕

（6d）［仕事の分担］システム1とシステム2の分担は、きわめて効率的にできている。すなわち、努力を最小化し成果を最適化するようになっている。ほとんどの場合に仕事の配分がうまくいくのは、システム1がだいたいにおいてうまくやっているからだ。〔上巻 p. 50〕

（6 e）〔最小努力の法則〕ある目標を達成するのに複数の方法が存在する場合、人間は最終的に最も少ない努力ですむ方法を選ぶ。〔上巻 p. 68〕

このように、カーネマンの二重システムモデルは心理学的実験などの結果をふまえて提案された実証的な人間モデルである。

二つの自己

ベンサムの功利主義にとって、効用概念は重要である。カーネマンは、ベンサムが快楽や苦痛の経験を表す尺度として「効用（utility）」という概念を使用したことを指摘した。カーネマンは、このベンサムの効用概念を「経験効用（experienced utility）」と呼ぶ。ところが、意思決定の理論では「効用」は「好ましさ」や「望ましさ」の意味で用いられる。カーネマンは、このような効用概念を「決定効用（decision utility）」と呼ぶ。ところで、期待効用理論で用いられる効用概念は決定効用の方である。二つの効用は、楽しむことを欲し、自分の選んだことを実際に楽しむ場合には一致する。そして、合理的経済主体ではこの二つの効用が一致することが前提にされているとカーネマンは指摘した〔下巻 p. 261f〕。彼が明らかにした問題は、現実の行為主体ではこの二つの効用が必ずしも一致しないということである。

この経験効用と決定効用という二つの区別と対応させて、カーネマンは二つの自己を区別した。「経験する自己」（experiencing self）」と「記憶する自己」（remembering self）」の区別である。苦痛に関して言えば、「いま痛いですか」という問いに答えるのが経験する自己であり、「全体としてどうでしたか」という問いに答えるのが記憶する自己である。そして、実際の経験から残るのは記憶だけであり、過去に起きたことについて私たちが採用する視点は記憶する自己の視点ということになる〔下巻 p. 267〕。だから、意思決定の担い手は記憶する自己ということになる。

カーネマンは、経験する自己と記憶する自己による快苦評価の結果は著しく異なることを明らかにしている。記憶する自己が保存している記憶は代表的な瞬間に限定され、快楽や苦痛のピーク時と終了時に強く影響される〔下巻 p. 271〕。つまり、私たちの意思決定はバイアスがかかったものであり、それが正当な評価であるかどうかには疑問が残るのである。

人間は、カーネマンが「エコン（Econs）」と呼ぶところの合理的経済主体ではない。これに対し、理論的前提なしに捉えられた普通の人間のことを、カーネマンは「ヒューマン」と呼んでいる。人間をエコンとして捉えるかヒューマンとして捉えるかによって、とるべき政策が変わってくることをカーネマンは指摘する。ヒューマンは、正確な判断を下し賢く意思決定を行うには政策や制度による何らかの手助けを必要とすることが多い〔下巻 p. 320〕。人間をエコンと捉えた場合には、これと異なり、自分が選択したことからの帰結に対する責任から逃れることはできない。カーネマンが提案した人間モデルは、合理的行為者としての人間モデルが現実の人間の姿からどれだけずれているのかを具体的に示している。

4　現代的人間像に関する考察

現代科学の人間把握では、人間は生物学的に捉えられている。人間の心理現象も、人間の生物学的基盤のもとに成り立つものである。また、近世の動物理解と異なり現代では、生物体は単に個体の生存維持だけでなく、種の存続を可能にするものとしても捉えられている。だから、いわゆる利他的行為も、それが種の存続を強化するものである場合には哺乳類などに見られるものとして理解されている。そして、人類も自愛的行為とともに利他的行為を実践するタイプの種である。

フロイトの自我論の現代性と人間の生物学的起源

ここで、デカルト（René Descartes, 1596-1650）の二元論と対立する自己モデルのひとつとしてフロイトの自我論を考えてみよう。デカルトの二元論では、人間は精神と身体から成る。そして身体は、物体の一種であり、自然科学の法則に従う。これに対し、精神は身体とは独立であり、思考を本質とする実体である。そのため、精神は物体とは全く異なる根源と存在根拠を持つことになる。さらにデカルトは、心的因果を認めるため、精神から身体に向かっての因果作用を認めることになる。

フロイトの自我論は、このようなデカルトの二元論を真っ向から否定するものである。エスは、動物の行動システムであり、自我も超自我も機能的に変容したエスの部分である。つまりフロイトは、人間理解においていわば「エス起源論」に立っている。

エスは、欲求の根源のひとつである。つまりフロイトによれば、欲求の一部は生物学的起源を持っている。そしてエスは、自我の生物学的起源でもある。これに対し規範の一部は、社会的起源を持っている。フロイトの用語では、この規範の部分は超自我の機能と関わる。そして、道徳的判断もこの超自我の機能によって理解される。近世の哲学者たちがときに仮定したような「良心」もまさにこの超自我の働きとして説明できるだろう。つまり、超越的道徳の起源は存在せず、成長過程で形成された超自我の反応が「良心の声」となって行為主体に現れることになる。

すべての人間の心理的活動が脳で実現されており、人間の脳が進化論的プロセスを経て発達してきたことを考えるなら、フロイトのエス起源論も理解しやすい。人間には、意識現象のような高次の認知システムもある。しかしフロイトは、そのような認知システムの独立性・根源性を疑う。意識の担い手である自我は、自らを全体的に把握できない。それどころかエスは、エス全体の状況を自我が把握することを抑圧によって妨害する能力を持っているとされる。

このような設定において、〈よく生きる〉ことはエス全体に自我が配慮することによってはじめて実現できるものだろう。これは、神経症の治癒課程でまさに起こることである。フロイトはエディプス・コンプレックスの持ち主であり、このことを受け入れたとき、はじめて彼を悩ましていた精神的・肉体的苦痛から解放されたのである(4)。

このようなフロイトの議論は、快楽主義を批判する伝統的倫理学の限界を示すものである。というのも、伝統的には理性によるコントロールが倫理学の主流を占めていたからである。フロイトの自我論では、超自我からエスへ向かうコントロールは表面的なものにすぎない。人間には、推論から得られた行動決定に従うことを拒否するようなエスから発する自己防御のメカニズムが存在している。そのため、強い自己コントロールの試みは心的破綻へといたる可能性を秘めている。

本書第三章第1節で見たように、アダム・スミスは道徳的判断を説明するにあたって共感能力に注目した。フロイトは共感について論じていないが、それは人間に備わった生得的能力のひとつである。このような共感能力は、子育てにおいても重要な役割をはたしているだろう。

哺乳類が種を存続させるためには、親が子を育てなければならない。親は子どもが小さい間は、子どもを支えて生きる。母親と子どもからなるシステムは、ケアする人とケアされる人が作り出すシステムのひとつである。ただ、母親と子どものシステムでは生物学的に規定されている部分が多い。フロイトは、人間の生物学的起源を描くにあたって性的欲求の発達史を強調したが、他者の世話をすることによって生きることの意味を実感することも生物学的起源を持っていると言っていいだろう。

二重システム論という認知モデル

カーネマンの二重システム論は、意思決定に関する理論である。この説によれば、直感に基づく意思決定と熟慮に基づく意思決定とがある。

本書第Ⅱ部では、許容空間の中から自由意志によって行為選択をしていく行為主体の動的モデルが提案される。二重システム論をこのモデルに適用するなら、この行為選択の過程に二つの種類があることになる。ひとつは直感に基づく行為選択であり、もうひとつは熟慮に基づく行為選択である。また熟慮は、複数の規範体系からひとつの規範体系を選び出す過程でも重要な役割をはたすはずである。

将棋のようなある程度複雑なゲームを考えると、ゲームの規範体系の内部で選択肢を選ぶことは自明になっており、疑われることさえない。むしろ、この規範体系が考えることを可能にする基盤となっている。いわば、プレイヤーはゲームの規範体系に盲目に従っているのである。(5) このことは、私たちが社会生活を営むときにも成り立っており、私たちは普段自分がそれまで認めてきた社会規範に盲目に従っている。

プロ棋士の間での将棋の対局においても、直感によって次の手を選ぶ場合と熟慮によって次の手を選ぶ場合があり、ここでもどちらの方策がとられるかは効率性によって決められている。勝負の分かれ目のような場面で、プロ棋士は長考する。それは、直感による行為決定は容易に誤りうるからである。私たちが生きる場合にも、同様のことが成り立っているだろう。生活の多くの場面で私たちは、習慣的で直感的な判断を下している。しかしときに私たちは、最終的判断にいたるまでに長い時間を要する。本書では、人生の分かれ道でなされるような決定的判断を「実存的決断」と呼ぶことにしよう〔本書第八章第４節〕。そのとき私たちは、未来への不確定な可能性の中で自らその帰結を引き受ける覚悟で決断を行うのである。

5　最近の倫理学の動向

この節では、最近の規範倫理学の動向について紹介しておきたい。(6) そうすることで、古代と近世における倫理思想との関係性も見えてくるだろう。倫理学は、規範倫理学、メタ倫理学、記述倫理学に分けられる。規範倫理学は、「何が正しい行為か」を探究する分野である。メタ倫理学は、「ある倫理学的原理がなぜ正しいことをどのように知るのか」などという問いを探究する分野である。そして記述倫理学は、倫理の在り方などを記述する歴史的・科学的研究を行う〔奈良 2018a: p. 29〕。以下で紹介するのは、規範倫理学における最近の動向である。

功利主義

近代における功利主義の展開については、本書第三章第2節で紹介した。現代においても、ベンサムとミルの考察は基本的に受け継がれている。新しい提案としては、快楽説に代わって選好充足説が提案されたということである。選好充足説では、快楽と苦痛ではなく選好（preference）に価値の尺度をとる。そして、選好が充たされるとは本人の欲求や望みが充たされるということである〔水野 2018: p. 92f〕。

功利主義を特徴づける考えに、幸福主義（welfarism）、帰結主義（consequentialism）、総和主義（sum-ranking）がある。幸福主義は、内在的な価値を持つもの（それ自体として善いもの）は人々が享受する幸福や不幸のみであると主張する立場である。帰結主義は、善い悪いの判断は、行為や規則などの帰結によって判定されるべきだと主張する立場である。行為の帰結を評価対象にとるのが行為功利主義であり、規則の帰結を評価対象にとるのが規則功利主義である。そして総和主義は、関係者の効用は加算可能であると主張する立場であり、このうち単純加算主義（aggregationism）は関係者全員の効用を公平に考慮して単純に加算すべきだと主張する立場である〔水野 2018: pp. 92–94〕。

功利主義に対する批判にはさまざまなものがあるが、私が重要と思うものだけを以下に記しておく〔水野 2018: pp. 96–100〕。

（７ａ）［幸福主義に対する批判］幸福主義には、善の多元論者からの批判がある。この立場によれば、快楽や選好に還元できない内在的価値があるのに幸福主義はこれを無視している。そのような内在的価値の例としては、知識、友情、愛、勇気、健康、美に関する内在的価値がある。

（７ｂ）［帰結主義に対する批判］行為を道徳的に評価するには、正義や権利や過去の経緯などを考慮する必要がある。しかし、帰結主義はこれらを無視する。

（７ｃ）［単純加算主義に対する批判］単純加算主義は個人に対して過剰な要請をすることになる。例えば、世界における幸福を最大化することを目指す功利主義は先進国の人々に娯楽に使う浪費をやめて開発途上国の貧しい人々に浪費分を寄付することを求めるだろう。つまり、功利主義の要請は先進国に暮らす人々に対してかなり厳しいものとなる。これは道徳の領域を超えた要請ではないかという批判がある。

これらの批判に対する応答や修正も議論されているが、ここでは扱わない。この問題に興味のある方は、適当な入門書などを参考にしてもらいたい。

義務論

義務論を代表する立場にカントの実践哲学があり、本書では第三章第3節でこれを論じた。カントの倫理思想においては、普遍的原理が倫理規定においても成立することが暗に前提にされている。そこで現代では、カントのような強い要請を避けつつも義務論を保持しようとする論者が現れた。そのような現代の義務論の例として、デイヴィッド・ロス（William David Ross, 1877–1971）の立場を見ておこう〔堂囿 2018: pp. 109–112〕。

ロスは、直観によって正しいと確信できる一応の義務（prima facie duties）があるとし、そこから考察を出発させる。ロスは一応の義務として次の七つのものをあげている。誠実（fidelity）、無危害（nonmaleficence）、正義（justice）、自己研鑽（self-improvement）、善行（beneficence）、感謝（gratitude）、補償（reparation）の七つである。これらの義務は個々のケースにおいて対立することがあり、どの義務に従うかを熟慮によって決定しなければならない場合がある。

そしてロスが主張するような義務論には、次のような問題点があると指摘されている〔堂囿 2018: pp. 116–123〕。

（8a）［義務の正当化に対する批判］ロスは、直観によって義務を正当化しようとした。しかし、直観には偏見や文化的バイアスが付いて回る。また、カントのように基礎的な原理によって義務を正当化しようとする立場があるが、この基礎的原理自身が正当化を必要とするものである。

（8b）［義務の衝突に対する批判］義務論においては、義務間の葛藤が起こる場合があり、これを解消しなければならない。解消のひとつの方法は、義務の間に強度による秩序づけを行うことである。そのほかに、作為と無作為を区別することや意図と予見を区別することなどが衝突解消の方法として提案されている。

私自身は、義務論にはどのくらい強い要請を義務として盛り込むのかという問題があると思う。本書第Ⅱ部で提案している動的規範体系論理学をもとにした立場も義務論の理論に属する。しかし本書の立場は、義務としての要請を制限し、自由意志による行為決断の可能性を大幅に保とうとするものである。また本書では、個人と共同体の関係性が詳しく分析される。というのも共同体は、個人の集合ではなく、個体性を持った存在者として本書では捉えられるからである〔本書第九章〕。

徳倫理学

現代の徳倫理学は、一九五〇年代以降展開されてきた立場である。しかし、その起源は古代ギリシャ哲学にある。現代の徳倫理学には、実践知を強調する反‐理論としての徳倫理学と倫理理論としての徳倫理学との二つの流れがある。そして、倫理理論としての徳倫理学には、適格な行為者（qualified agent）説と行為者基底（agent-based）説とがある。適格な行為者説によれば、ある行為が正しいのは、その行為が有徳な行為者がその状況においてふさわしい仕方でふるまうだろうことと一致する場合である〔Hursthouse 1999: p. 28, 邦訳 p. 42; 奈良 2018b: p. 132〕。これに対し行為者基底説によれば、ある行為が正しいと言えるのは、それが立派な（virtuous）動機からなされ、行為がそのような動機を反映している場合である〔Slote 2001: p. 38; 奈良 2018b: p. 134〕。

徳（virtue）とは、卓越性のことであり、次のような例がよくあげられる〔奈良 2018b: p. 129〕。


（9ａ）［古代ギリシャの徳］知恵、勇気、節制、正義。

（9ｂ）［キリスト教世界の徳］信仰、希望、愛。

（9ｃ）［現代における徳］仁愛、誠実。

（9ｄ）［専門職に固有な徳（医療の領域）］共感、信頼への忠実、実践知、不屈、インテグリティ、自己犠牲。


このように、何が卓越的性格であるかについては、時代による多少の変動もある。そして徳倫理学については、次のような問題点が指摘されている〔奈良 2018b: pp. 137-143〕。


（10ａ）［徳の基礎づけに関する批判］どのような性格特徴を徳とみなすかについての客観的な基準が存在しないように思われる。

（10ｂ）［現実への適用に関する批判］徳倫理学が行為指針を提供することは困難である。

（10ｃ）［文化相対性に関する批判］徳倫理学は、特定の文化に固有の徳を反映しているにすぎず、普遍性（universality）を持ちえない。

（10ｄ）［道徳的ジレンマ（徳の葛藤）に関する批判］二つの徳が対立する行為を命ずることが明ら

かな状況において、どちらを選択すべきかを徳倫理学は指示できない。

徳倫理学は、功利主義や義務論が十分に扱ってこなかった問題を取り上げている。この意味で、両理論を補足するという側面もあるように思われる。ただし徳倫理学は、功利主義や義務論と比較して、その主張が十分に明確化されていないように思われる〔(10ａ)、(10ｂ)〕。

Ⅱ　行為と社会と規範と自由

すでに「まえがき」でも述べたように、本書を貫く三つの問いは次のものである——「人間とは何者か」、「社会組織はどのように構築され、安定するのか」、「私たちはどのように生きればいいのか」。この第Ⅱ部では、この三つの問いに私の立場から回答したい。これらの問いに答えるためにまず、ひとつの人間モデルを提案する〔本書第六章、第七章、第八章〕。そして、社会組織の中で役割をはたすことができるような人間像を描くためには、ゲームのプレイができるような人間モデルが必要になるという提案を行う〔本書第九章〕。その後、次のように主張する——〈共によく生きる〉ことの実現を通して、自分が〈よく生きる〉ことを私たちは間接的に実現する〔本書第十章〕。〈共によく生きる〉ことに関する現象は家庭や職場や国家などのさまざまな社会組織の中で起こることである。この現象を解明することが、この第Ⅱ部の課題となる。

第六章　行為主体のモデル

この章では、行為主体の基礎モデルを提案する。本書で考える行為主体は、集団的行為の担い手となり、社会組織の構成員として役割をはたしうるような主体である。行為主体は（事実に対する）信念と欲求と規範的信念を持ち、さらに推論能力を持ち、その推論結果を基盤にして行為タイプを選択し実行する。

1　行為主体の心の構造――〈信念・欲求・義務〉論理学の提案

私たちは本書第三章第1節で、〈動機づけのヒューム主義〉を論じた。この立場によれば、行為は目的と手段に関する信念と欲求によって動機づけられる。本書ではこのヒューム主義を認めるとともに、信念と規範的信念の両方を基盤とした動機づけも認める。また、行為候補を導き出す推論についても提案する。

志向的状態と推論

推論は、前提文の集合と結論文の関係であり、妥当な推論にどのようなものがあるかを研究するのが論理学である。ところで、妥当な推論においてはすべての前提文が真ならば結論文も必ず真となる。そして、三段論法を提唱したアリストテレスにおいても推論に関するこのような理解があった。(1) しかし、近世においてこの理解は崩れる。イギリス経験論においては、「文」というような語句は哲学で議論されなくなり、「観念（idea）」という概念や知覚や感情が重視された。そして、一八世紀のイギリスでは道徳感覚学派が生まれ、道徳感情論が提案されることになる〔本書第三章第1節〕。

言語哲学が重視されるようになるのは、ドイツの論理学者・分析哲学者フレーゲ（F. L. Gottlob Frege, 1848-1925）が登場してからである。またフレーゲは、認識的価値の問題にも取り組み、信念文の分析も行った。そしてフレーゲは、彼の哲学的論文において信念文中の文脈と単純文中の文脈の間の論理的差異についても考察している。ここに、命題的態度（propositional attitude）が論理学と言語哲学の文脈で現れたのである。命題的態度は、「pということを信じている」、「pということを欲している」、「pということを意図している」というような志向的態度と結びついた文で表現される。フレーゲが分析したように、命題的態度内部の語句の解釈と外部の語句の解釈は異なっている。(2)

本書での志向的態度の記述の特徴は、信念が他の志向的態度の基盤にあると考えるところにある。私は本書で次のような説を提案する。行為主体は、事実についての信念を持ち、これに加えて、欲求についての信念と規範についての信念を持っている。そして行為主体は、これら三種類の信念を基盤にして推論を行うことができ、規範を守るような行為候補のリストを作成できる。そして行為主体は、複数の行為候補があるとき、それらからひとつの行為タイプを自由意志によって選択し、実行に移すことができる。また、この行為の選択に際して、快楽追求や実存的充実への希求などが影響を与えうる。

欲求についての信念というのは、「ワインが飲みたいと私は信じている」、「小説家になりたいと私は信じている」のように表される自らの欲求に関する信念である。そして、規範についての信念は、「人を殺してはいけないと私は信じている（言い換えると、人を殺すことが禁止されていると私は信じている）」、「太郎が旅行に出かけることが許されていると私は信じている」というように表現される信念である。ちなみに、「義務である」、「禁止されている」、「許されている」という表現が義務様相（deontic modality）の表現であり、これらの語句によって規範は表現される。

さらに私は、信念がその担い手に対して透明であると認める立場をとる。つまり、「Ｓがｐと信じていれば、Ｓはｐと信じていると信じている」という推論の妥当性を私は認める。そして欲求の状態はその担い手に透明であると私は認めるため、「Ｓがｐと欲していれば、Ｓはｐと欲していると信じている」ことが成り立つことになる。また規範的信念は、行為主体がその規範が成立していると信じているような信念である。実際、行為主体が成立していないと考える規範文もあるが、それらの規範文はその行為主体の行動に影響を与えない。だから、規範的信念について語ることは自然である(3)。

〈信念・欲求・義務〉論理学の粗描

ここでこれまでの私の研究に基づいて、〈信念・欲求・義務〉論理学を提案しよう。私は、『規範とゲーム』(2011) で規範体系論理学というものを提案した。この体系は、法律における推論や道徳的判断における推論を表現する目的で提案された体系である。その後、私はこの体系を何度も改良してきた(4)。その改良のひとつが実践的推論を表現する体系である。このとき、そのような実践的推論を実行する行為主体の心的モデルも同時に提案された〔Nakayama 2017b〕。この実践的推論の体系では、信念が非常に重要な役割をはたしている。信念は命題的態度の一種であり、「pということをAは信じる」というような信念文で表せる（ただし、pは文とする）。

事実についての信念は、欲求についての信念や規範についての信念に対して基盤としての役割をはたしている。というのも、あらゆる概念は事実についての信念の中で導入され、規範はそれをもとに形成され、欲求はそれを前提にして形成されるからである。つまり、欲求や規範は事実に対する信念に依存しており、事実に対する信念が変われば、欲求や規範も変わる可能性がある。そしてこの特性は、個人の行動決定や集団のふるまいに大きな影響をおよぼしうる。

例えば日本の首相であることのように、集団的信念に依存して成立しているような事実の場合には、この影響力は明らかである。ジョン・サールによる言語行為論では、指令 (direction) や宣言 (declaration) というタイプの言語行為が効力を持つためには話者に権限があることが不可欠だとされている。つまり、「Aは日本の総理大臣である」や「Bは裁判長である」というようなタイプの文で表現される事実が言語行為の成立に影響を与えるということになる。例えば、大日本帝国憲法下の日本では「Cは天皇である」というタイプの事実が大きな政治的・軍事的影響力を持っていた。しかし戦後の日本国憲法下では、天皇は一切の政治的・軍事的権力を失った(5)。

近年、〈信念・欲求・義務〉論理学（BDO-Logic, Belief-Desire-Obligation Logic）というものを私は提案した〔Nakayama 2017b〕。この体系は、規範体系論理学に欲求を加えたものである。

（1a）［欲求体系と規範体系］B、D、Oは様相表現を含まない単純文（精確には、一階述語論理学の文）からなる集合とし、BとDの和集合もBとOの和集合も無矛盾とする。ここでは、B、D、Oをそれぞれ「信念集合」、「欲求集合」、「義務集合」と呼ぶ。また、BとDのペア〈B, D〉を「欲求体系」と呼び、BとOのペア〈B, O〉を「規範体系」と呼ぶことにする。

（1b）［信念］pが**信じられている** ⇕ pがBから帰結する(6)。

（1c）［欲求］pが**欲求されている** ⇕ pがBとDの和集合から帰結するが、Bだけからは帰結しない。

（1d）［義務］pが**義務である** ⇕ pがBとOの和集合から帰結するが、Bだけからは帰結しない。

（1e）［禁止］pが**禁止されている** ⇕ pの否定がBとOの和集合から帰結するが、Bだけからは帰結しない。

（1f）［許容］pが**許されている** ⇕ {p} とBとOの和集合が無矛盾であり、かつ、pはBだけからは帰結しない。

（1g）［許容空間］行為遂行が許容されているような行為タイプの集合を、「許容空間」と呼ぶこ

とにする。(7)

（１ｈ）「〈信念・欲求・義務〉論理学」（１ａ）～（１ｆ）の規定を充たすメタ言語上での推論体系を「〈信念・欲求・義務〉論理学」と呼び、これを略して「ＢＤＯ論理学」とも呼ぶことにする。

このＢＤＯ論理学では狭い意味での信念と広い意味での信念が扱われていると解釈することができる。狭い意味での信念は事実が成立していることに関する信念であり、普通の意味での信念である。これに対し、広い意味での信念は欲求に対する信念や規範に関する信念も含んだものである。このことをもう少し説明しよう。

（１ａ）に現れる信念集合Ｂは、事実として成立していると信じられている文の集合である。だから、「ｐが**事実**だと信じられている」をより詳細に表現すれば、「ｐが**信じられている**」ということになる。そして欲求集合Ｄは、欲求されていると信じられている文の集合である。だから、「ｐが**欲求されている**」をより詳細に表現すれば、「ｐが自分の**欲求**だと信じられている」ということになる。欲求は行動と直結しうる心理状態だが、これを把握した状態を描く文が欲求集合Ｄに含まれる文となる。さらに義務集合Ｄは、義務であると信じられている文の集合である。だから、「ｐが**義務である**」をより詳細に表現すれば、「ｐが**義務**であると信じられている」ということになる。欲求と義務は事実とは異なるので、（事実に関する）信念と欲求や規範が重ならないことを保証する条件「Ｂだけからは帰結しない」が定義項の中に含まれている（（１ｃ）～（１ｆ））。

このＢＤＯ論理学は、規範体系論理学に（１ｃ）の欲求に関する規定を付け加えたものである。Ｂ

DO論理学では、欲求と規範は矛盾するかもしれない。すなわち、BとDとOの和集合が矛盾していることはありうる。このような欲求と規範の間に矛盾をかかえる行為主体は、自らの欲求を優先させるかそれとも規範を優先させるかというジレンマに直面することになる(8)。この問題は、次節で議論する自由意志の問題と深く関連している。

2　〈信念・欲求・義務〉論理学の特性

この節では、〈信念・欲求・義務〉論理学の特性を見ておくことにする。

信念と欲求と規範

すでに述べたように、欲求と規範は事実に関する信念を基盤にして形成される。だから、欲求と規範は事実に対する信念を参照できるが、逆は成り立たない。つまり、事実に関する信念は欲求や規範を参照できない。というのも、欲求や規範は世界の側に成り立っている事実ではないからである。図6－1は、事実に関する信念を基盤にして欲求と規範に関する推論が成立するという特性を論理体系に反映させた〈信念・欲求・義務〉論理学をイメージ化して表している。

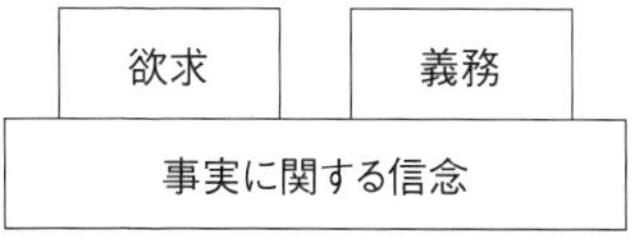

図6－1　〈信念・欲求・義務〉論理学のイメージ

例として、次のようなケースを考えてみよう。Aさんは、アリスが花子の唯一の姉であり、アリスが女優であると信じている。そしてAさんは、アリスを直接見ることを欲している。また、Aさんはアリスの写真をとることを友人と約束し、この写真をとる義務が自分にあると思っている。ここでは、これらのことを、信念集合、欲求集合、義務集合を用いて表すことにしよう。

（2a）［信念1］アリスは花子の唯一の姉である。[9]

（2b）［信念2］アリスは女優である。

（2c）［欲求1］Aさんがアリスを直接見る。

（2d）［義務1］Aさんがアリスの写真をとる。

（2e）［Aさんの志向的状態］Aさんの信念集合は、信念1と信念2を含んでいる。Aさんの欲求集合は、欲求1を含んでいる。Aさんの義務集合は、義務1を含んでいる。

すると、BDO論理学の規定から次のことが直ちに帰結する。

（3a）アリスは花子の唯一の姉であり、アリスが女優であり、花子の唯一の姉が女優であると、Aさんは**信じている**。

（3b）アリスを直接見るのが（自分の）**欲求**だと、Aさんは信じている。そして、花子の唯一の姉を直接見るのが（自分の）**欲求**だと、Aさんは信じている。

（3c）アリスの写真をとることが自分の**義務**だと、Aさんは信じている。そして、花子の唯一の姉の写真をとることが自分の**義務**だと、Aさんは信じている。

ところで、義務集合は複雑な文を含むこともある。例えば、「すべての人がこれからは盗まない」という文がAさんの義務集合に含まれていれば、(「すべての人がこれからは盗まない」ことがすでに**事実**となっているとAさんが確信していないという条件のもとで)『すべての人がこれからは盗まないことが義務だとAさんが信じている』という文が帰結することになる。さらにこの文からは、「盗みがこれからはすべての人に**禁止**されているとAさんが信じている」という文や「盗みがこれからは自分に**禁止**されているとAさんが信じている」という文が帰結する。そして、このような禁止文に関する信念はAさんの許容空間を限定し、Aさんの行為選択の幅を狭めることになる。

BDO論理学は、批判を受けることもある。その批判のひとつは、「なぜ義務に関する信念と事実に関する信念は重なってはならないのか」、「なぜ欲求に関する信念と事実に関する信念は重なってはならないのか」というようにまとめられる。ここでは、この批判と関わるBDO論理学の特性について考察したい。

〈信念・欲求・義務〉論理学の規定の(1b)から(1f)にあるように、事実に関する信念は欲求や規範的信念と重ならないように規定されている。これは、すでに事実として成立していると思っている事柄を実現したいと思ったり、実現しなければならないと思ったりすることはないという直観に基づいている。信念と欲求と規範は峻別されねばならない。そのためにBDO論理学では、事実としてすでに信じられていることを、欲したり規範として信じたりすることの可能性が排除されている。

　また、整合性を保つために、信念集合や欲求集合や義務集合に変更を加えることが必要になる場合もある。八つあるすべてのテストで六〇点以上をとることを欲していたAさんが、二つ目のテストで五八点をとってしまったなら、この段階で当初の欲求は充足不可能となる。そこで、残りの六つのテストで六〇点以上をとるというように欲求を変更することも考えられる。しかし、このような欲求の変更も実生活では自然な操作だと言えるだろう。

　そして、義務集合についても同様な修正が必要になってくる。「すべての日本人は人を殺してはならない」という義務文に関しても、殺人が日本でもときどき起こるので、「すべての日本人はこれ以降人を殺してはならない」というように修正する必要が厳密にはあるだろう。しかし、これも現実に即した対応と言えるのではないだろうか。重要なのは、この義務の要請によって殺人行為の遂行がすべての日本人の許容空間の外側に位置づけられるということである。このようにBDO論理学では、行為の禁止という要請はその禁止されるべき行為タイプを許容空間の外側に位置づけることで達成される。

3　行為主体と自由意志

　私が本書で提案する行為主体のモデルは、BDO論理学の体系に自由意志を加えたものである。場合によっては、人は規範を重視するか欲求を重視するかの選択に迫られる。そこで行為主体は、複数の行為タイプの選択肢からひとつを選び実行に移さなければならない。この行為の決断における行為主体の能力のことを、本書では「自由意志」と呼ぶ。

行為主体と自由意志

私が提案する人間モデルには、複数の実行可能な行為タイプからひとつを選び実行するという自由意志の活動が含まれている。言い換えると、人間は行為選択をするものだと私は考えている。私が自由意志を認める理由は、自由意志なしではゲームのプレイが成立しないことにある。人間は基本的にゲームを行う能力を持ち、日常をゲームとして解釈して複雑な世界を単純化して生きていると、私は『規範とゲーム』（2011）で主張した。そしてゲームには、各状況で許されている行為の選択肢があり、プレイヤーはそのうちのひとつを選んで実行に移していく。この次の手を選ぶ能力が自由意志に他ならない。

自由意志には、哲学と心理学で論じられた三つの解釈がある。またそれらの解釈を組み合わせることもできる。これら三つの解釈というのは、次のものである〔渡辺 2019: p. 110f; 太田 2019〕。

（４ａ）〔他行為可能性〕複数の行為が可能である。
（４ｂ）〔行為者性〕自分の心理状態が行為を引き起こす。
（４ｃ）〔制約からの自由〕内外の制約に拘束されずに行為する。

本書では、複数の行為タイプからひとつを選択して実行に移す能力として自由意志を解釈して、議論を進めることにする。この本書での自己意志概念は、条件（４ａ）と（４ｂ）を充たしている。そしてこのような意味での自由意志は、ゲームのプレイヤーにはいつも前提にされている能力である。

しかし、制約からの自由（４ｃ）という条件については、注意を要する。というのも、本書で主に論じるのは許容空間という制約内部での行為選択だからである。アリストテレスやミルなどでもこのことは問題となっていた。つまり、法律を犯したり、他人を傷つけたりしても自分の欲求を充たそうとするような行為は自由なのかという問題である。アリストテレスはそのような行為を「放埒」と呼び〔本書第一章（13ｄ）〕、ミルは意図的にそのような行為を自由の枠の外に置いている〔本書第三章（６ｂ）〕。本書でも、違法な行為はゲームを破壊する行為であり、処罰の対象となる行為として捉えることになる。しかし、特定の規範からあえて逸脱しようとする選択も自由意志によるものだろう。いわば〈悪への自由〉が存在する。ただこのような場合でもなお、何らかの制約を受け入れたうえで、行為選択はなされている。

ただし、誰もが完全な形で自由意志を持っているわけではない。特に、制約からの自由が極度に制限されている人もいる。例としては、うつ病やパニック症候群やＰＴＳＤなどの精神疾患に苦しむ人が考えられる。実際これらの人たちは、社会の中で割り当てられたゲームを他の人たちと共に実行することに困難を感じている。このような人たちには、他の人たちからの援助が必要となるだろう〔本書第十章〕。

〈信念・欲求・義務〉論理学と自由意志

ＢＤＯ論理学を用いて、何が欲せられており、何が義務と信じられているかを推論することができるが、それだけではどんな行為が遂行されるかは導けない。そこで本書では、与えられた志向的状態から行為へと向かう能力として自由意志を捉えている。つまり、自由意志を行使することによって行為遂行が可能になる。

将棋というような二人ゲームの場合を考えてみよう。手番にあるプレイヤーは許容された一手を指さなければいけないが、どのような合法な手を指すかは自由である。これに対し、対戦相手は自分の手番でない場面では、一手を指すことを禁じられており、相手が一手を指すのを待たねばならない。ゲームの中での自由意志は、許容された手の中から一手を選択して実行に移すことを可能にする心的活動である。

次に、欲求充足について考えてみよう。A氏がラーメンを食べたくなってラーメン店へ行き、注文するとしよう。このとき、メニューの中からどんなラーメンを選ぶかは、A氏の自由意志に任されている。これもゲームとして捉えることができるが、味噌ラーメンか醤油ラーメンかという与えられた選択肢の中でA氏は自由意志でどちらかを選ぶのである。

ところで、欲求充足と規範順守の間で葛藤が生まれる場合がある。例えば、貧困のために無銭飲食をする場合などである。無銭飲食は禁止行為であるのに、食べるという欲求のために、規範的信念に矛盾した行為を意図的に遂行する場合がこれにあたる。

プラトンは『国家』において、五種の人格タイプを提案した〔本書第一章（９ａ）〜（９ｅ）〕。それらは、正しい人、名誉支配制的人間、寡頭制的人間、民主制的人間、僭主制的人間の五つである。正しい人は、規範を完全に守りつつ魂の平静を保てるような人だろう。名誉支配制的人間は名誉欲に支配された人で、名誉を獲得することを優先させる人である。そして寡頭制的人間は、金銭欲に支配された人で、金銭の獲得を優先させて生きている人である。また民主制的人間は、快楽を優先させる人である。これらの人はみな社会規範（ノモス）を守ってその範囲内で自らの欲求を充足させるために自由意志によって行為を選択して実行に移していく人である。そして、僭主制的人間だけが〈ノモスに反する欲求〉をも充足させようとして行為選択する人である。

このようにプラトンは、〈規範と矛盾しない欲求〉と〈規範と矛盾する欲求〉があることをすでに指摘していた。私がここで強調したいのは、規範と欲求の矛盾が義務集合と欲求集合の間の矛盾ではないということである。この矛盾は、信念集合と欲求集合と義務集合の矛盾である。つまりここで問題となっているのは、DとOの和集合が矛盾するということではなく、BとDとOの和集合が矛盾するということである。また行為遂行の観点からは、〈ノモスに反する欲求〉を持つということではなく、人間が〈ノモスに反する欲求〉を充足させようとする意志を持って行為できるということが重要である。逆に民主制的人間であれば、たとえ〈ノモスに反する欲求〉を持ったとしても、そのような欲求を押し殺し、その欲求を充足させようとはしないだろう。

ここで、一万円を緊急に必要としているA氏を考えてみよう。このとき、A氏は一万円を用意するためにさまざまな手段があることを知っており、そこからどの手段を選んで実行するかを考えているとしよう。このA氏の志向的状態は、次のように表現できる。

（5a）［信念1］アルバイトすれば、一万円が手に入る。
（5b）［信念2］父親に頼めば、一万円が手に入る。
（5c）［信念3］泥棒をすれば、一万円が手に入る。
（5d）［信念4］詐欺をすれば、一万円が手に入る。
（5e）［欲求1］一万円を手に入れる。
（5f）［義務1］泥棒をしない。
（5g）［義務2］詐欺をしない。
（5h）［A氏の志向的状態］A氏の信念集合は信念1と信念2と信念3と信念4を含み、A氏の欲求集合は欲求1を含み、A氏の義務集合は義務1と義務2を含んでいるとする。

この状況でA氏は、一万円を手に入れるための四つの手段があると思っている。そのうち、二つが合法的手段であり、後の二つが違法の手段である。言い換えると、A氏が泥棒をしたり詐欺をしたりすることは、A氏の規範体系に矛盾をもたらす。A氏が僭主制的人間でなければ、A氏は合法的手段のうちのひとつを選ぶことになる。そしてA氏が僭主制的人間であれば、選択肢は拡がり、四つの手段からひとつを選ぶことになる。つまり僭主制的人間は、社会規範に反する行為も決断できるような人間ということになる。言い換えると、僭主制的人間は社会的規範を自分の行為を制約するものとしては受け入れていないのである。A氏の決断を整合的にするために、自分を特別な人間だという視点

を規範の定式化に取り入れてみよう。このときには、次のようなことが成り立つだろう。(10)

（5.i）［義務*1］A氏以外の人は泥棒をしない。

（5.j）［義務*2］A氏以外の人は詐欺をしない。

このように自分を特権化することによって、整合的な〈信念・欲求・義務〉体系が僭主制的人間にも得られることになる。しかし、一人だけを特権化したこのような規範体系を多くの人は認めないだろう。だから、このような特権化された規範体系は、普通は人々によって共有されない。

4　行為主体の存在論

功利主義やカントの義務論に代表される近世の行為論は、個人主義的なものである。そして、このような個人主義には存在論的前提が隠されている。それは、個人のみが行為者であるという前提である。(11) この章では、この個人主義の存在論的前提を分析するとともに、その代替案について考察する。

個人主義における原子論的存在論の前提

部分全体論をめぐる理論では、個物しか存在せず、複数の個物からなる融合体は存在しないとする部分全体論的ニヒリズム（mereological nihilism）という立場がある。(12) これを行為主体の問題に適用すれば、行為主体はすべて個人、つまり、原子的存在者（atomic entity）であり、社会組織は個物ではなく、これら原子的存在者から構成される集合として捉えられることになる。そして特に重要なのは、個人主義的行為論ではこれが考えられうる唯一正しい立場として前提され、他の存在論の可能性について考察されてこなかったということである。

部分全体論的ニヒリズムに対立する立場として、標準的部分全体論の立場がある〔中山 2019〕。この立場によれば、複数の原子的存在者からなる任意の融合体が存在することになる。一般にはこれを弱めて、原子的存在者の融合体はいくつか存在すると主張する立場も可能である。実際、アジア社会で受け入れられてきた多くの存在論は原子的存在者の融合体をひとつの存在者として認めてきた。そこでは、イエや村や親族集団などが確固とした存在者として個人と同様に、あるいはそれ以上の存在者として認められてきた。この立場によれば、複数の原子的存在者からなる融合体が存在し、それら融合体が個人と同等の重要さを行為の計画・実行に関してはたしている。イエや村や親族集団は個人を部分として含む個物ということになり、それは個人の集合ではないとされる〔中山 2015b; Nakayama 2016e〕。かつて日本では、「そんなことをしてはご先祖様に申し訳ない」などという発言がよく見られた。つまり、自分たちの先祖集団がひとつの存在者として認められており、これらの融合的存在者に対する態度が行為の制約に関して一定の役割をはたしていたのである。

私がここで特に強調したいのは、部分全体論的ニヒリズムが存在論の唯一の選択肢ではないということである。例えば拙著『言語哲学から形而上学へ』では、時空的に拡がりを持つプロセスこそが存在者であるという考えに基づいた階層的（四次元主義的）存在論が展開されている。この節では、このようなプロセス存在論に基づいた行為主体概念を紹介したい。

〈拡張された行為主体〉と自由意志

ここで、道具の存在が行為主体の許容空間に変更を加えうることについて考察しよう。私は、道具という人工物の役割を存在論的に記述するために〈拡張された行為主体〉という概念を導入した〔中山 2019: p. 198f〕。例えば、ハンマーで釘を柱に打つ人がいた場合、ハンマーという道具とその作業者の融合体は個人的〈拡張された行為主体〉である。他に、複数の人が部分としてその中に含まれているような集団的〈拡張された行為主体〉もある。このとき、このような〈拡張された行為主体〉にも自由意志を帰属させることができるだろう。

そしてこのような行為主体の拡張は、行為可能性に影響を与える。道具を用いることによって人間の行為能力は拡張される。また、この能力の拡張は行為可能性空間の拡張をもたらす。例えば自動車の免許をとり自動車を購入することによって、人の行動範囲は拡がる。そして、自動車事故を起こす可能性も生まれ、拡張された行為可能空間に対して新たな規範的制約を加えることも必要となってくる。

日本の民法には、「法人（juridical person）」と「自然人」という概念がある。法人は、権利義務の主体となることができる自然人とは異なる権利主体、行為主体、責任主体である。法人には、学術、技芸、慈善、祭祀、宗教その他の公益を目的とする法人、および、営利事業を営むことを目的とする法人などがある〔民法第33条2項〕。このような法人は、標準的部分全体論における存在者で、複数の個人を部分として含むと考えられる。こう考えると、法制度などは個人主義的観点からだけでは十分に記述できないことがわかる。というのも法規定の中ではときに、法人の中である役割を持ったその部分として、個人が法人の側から捉えられるからである。

ここで、会社組織について考えてみよう。会社員としての個人は、会社の中で営業課の係長などの役割を持ち、その役割において課せられた課題があり、この課題をはたす義務がある。一方、会社員は会社から給料を得る権利があり、会社は会社員に対して給料を支払う義務がある。このように、組織の中で働く人間を描くときには、部分全体論を前提にして記述することが自然である。

自由意志と社会体制

個人の自由意志は、社会的制約が乏しいときに最も発揮される。これに対し、封建社会や戦争状態にある社会組織の中では自由意志はきびしく制限される。例えば、太平洋戦争末期の日本では徴兵制が学生にも適用され、学徒出陣があった。そのような状況下では、学生も強制的に兵隊にならねばならず、兵隊になれば軍部の命令に従って行動しなければならない。この要請に従わなければ、処刑ということもありえただろう。また江戸時代などでも、職業の選択は制限されていた。このような状況下では、規範的要請が個人の活動にまで入り込んで多くの義務が生じていた。

義務や禁止が増えれば、許容空間は小さくなる。言い換えると、人々の行為に対する外部からの制約が強くなる。法的制約だけでなく、社会通念の影響力が強い集団では、人々の許容空間はさらに小さくなる。例えば日本の戦時下では、当時の社会通念に従って行動しない人は「非国民」と呼ばれて非難され、このことによって人々の活動は制限されていた。

ジョン・スチュアート・ミルは、思想と言論の自由を重視した〔本書第三章第2節〕。それは、多様な思想が社会を活性化するとミルが考えたからである。適切な欲求を抱いたり、適切な行為を実行したりするためには、批判に耐えうる思想が重要である。例えば自然科学では、現象を説明する最良の仮説が受け入れられ、それを基盤にして研究がなされるが、そのような仮説は専門家たちからの批判に耐えうるようなものでなければならない〔中山 2016a〕。また、誤った政治判断の多くは誤った思想を基盤にしていた。その歴史的例として、ナチス・ドイツが人種差別をともなう優生思想を信奉していたことや、戦前の日本において天皇が神格化されていたことがあげられる。これらの思想は、現代の自然科学の観点からは誤った主張であるが、当時このことを告発できた人は少ない。第二次世界大戦中のドイツと日本では、思想・言論の自由が許されていなかった。このとき、これら二つの国家は批判に対して閉ざされた集団となっていた。これに対し、批判に対して開かれた社会組織は多くの解決法を吟味できるため、難局を乗り越えていく力を持つだろう(13)。

5　社会的規範と宗教

宗教的規範も社会的規範の一種であり、ＢＤＯ論理学の枠組みで表現することができる。このとき、信者集団の存在が重要な役割をはたすことになる。というのも中立的観点に従えば、神というような超越的存在者を認めるための証拠は現実世界にないからである。神の存在を信じる強烈な思い込みが集団によって共有されることによってはじめて、神が存在するという考えが多くの人々に支持されるようになる。

宗教的規範

ユダヤ教やキリスト教やイスラム教などの宗教では、神の存在が前提になっている。つまり、神が存在することが全信者の信念集合に含まれている。これに対し、仏教や儒教では神の存在は前提にされていない。例えば仏教では、仏陀も悟りにいたった求道者の一人とされている。しかし本章では、ユダヤ教とキリスト教に限定して考えることにする。まず、ユダヤ教の教えであるモーゼの十戒が信念集合と義務集合を用いてどのように表現できるかを見ておこう。

（６a）［信念１］ユダヤ教の神が唯一の神である。
（６b）［義務１］偶像を作らない。
（６c）［義務２］神の名をみだりに唱えない。
（６d）［義務３］安息日を守る。
（６e）［義務４］父母を敬う。
（６f）［義務５］殺人しない。
（６g）［義務６］姦淫しない。
（６h）［義務７］盗まない。

（6 i）［義務8］隣人について偽証しない。

（6 j）［義務9］隣人の財産をむさぼらない。

（6 k）［信念集合（十戒）］〈信念集合（十戒）〉は信念1と十戒に現れる語彙を特徴づけるすべての文を要素として含んでいる。

（6 l）［義務集合（十戒）］〈義務集合（十戒）〉は、義務1から義務9までの文によって構成される集合である。

モーゼの十戒の規範体系は〈信念集合（十戒）〉と〈義務集合（十戒）〉から構成されていると解釈することができる。神はそれぞれの人に個別に命令を与えるので、モーゼの十戒の規範体系はカントが言う行動原理に相当すると解釈できる〔本書第三章（7 a）〕。

モーゼの十戒は単純であるためにわかりやすいが、宗教は基本的にこのような規範体系を表現する部分を含んでいる。また宗教的教義の多くの部分は、宇宙の構造や人間の存在様態に関する文で占められており、これらはその宗教を表す規範体系の信念集合を形成している。

宗教は、多くの場合、消極的倫理規定だけでなく積極的倫理規定を含んでいる。例えばキリスト教では、「隣人を自分自身のように愛せよ」〔マタイ 19:19〕という教えが強調される。この教えはもともと旧約聖書からのものだが、旧約聖書中の多くの他の戒律が新約聖書では無視されるのに対し、イエス・キリストはこの戒律を重視した。モーゼの十戒が消極的倫理規定であるのに対し、「隣人を自分自身のように愛する義務がある」は隣人への行為を要求する積極的倫理規定である。[14]しかし、この隣人への愛を実現することは容易ではない。例えば、ジョン・ロックなどが労働によって得たものに対する私的所有権を正当化したのに対し、キリスト教は所有したものを分かち合うことを要請し、私的所有に固執することを禁じている。つまり、キリスト教の教義は自愛的欲求の行使をきびしく制限する禁欲的傾向を持ったものである。

宗教の特性

神は誰も直接に見たことがない。そのため、信者たちが語る神は本当に存在するのか、また、信者たちは同じ存在者について語っているのかという疑問が起こる。例えば、カトリック信者とプロテスタント信者が同じ神について語っているのかと疑うことができるだろう。またプロテスタントには、キリスト教のさまざまな異なる教派が属しているからなおさらこのような疑問が起こる。(15)

聖書のような経典は、宗教を統一化させる働きをする。経典によって、宗教を構成する信念集合・欲求集合・義務集合が定まる。経典の権威化によって、正統派と異端との境界が明確化し、宗教の教義が固定化する。また多くの宗教は、未来の視点から現在を描いている。というのも、神の視点は全歴史を見渡す視点だからである。未来における救済は、宗教の主要なテーマのひとつとなっている。

宗教において教義は必ずしも真である必要はなく、それが真であると信じる信者たちさえいれば、その宗教は存続できる。また宗教の教義は、程度の差こそあれ必ず、規範体系を含んでいる。例えば、モーゼの十戒はユダヤ教に含まれた規範体系のひとつである。宗教のリアリティは、その教義と結びついた規範体系に従って行為する多数の信者がいることによって生み出される。だから、信者を失えば宗教は滅びる。

信仰深い信者たちは、宗教が定めた規範体系内部で自分の行為を選択する。彼らは、宗教的教義の中に表現された規範体系を共有する。また、他の信者たちとともにミサのような儀式を共同で営むことによって彼らは互いに体験を共有する。宗教的規範は一般に、法的規範よりも要請が多く、信者たちの許容空間は非信者たちに比べてより限定されたものとなる。そして、宗教が要求するこの狭い許容空間を受け入れて行為することが宗教人の生の営みとなる。修道僧の禁欲的生活などはその典型である。彼らにとって、厳しい宗教的規範に完全に従うことこそが実存的充足となる。こうして、彼らが信じる生きることの意味は神によって保証されたものとなる。しかし、宗教を信じない人にとっては、信者は存在しない神の教えに従って集団的虚構の世界を生きる人として映る。また、異なる宗教を信じている人にとっては、互いの信仰がそれぞれに相手の生きる意味を否定していることになる。だから、異なる宗教の信者たちの間に対立が起こるのも当然だろう。実際、歴史の中でもしばしば、宗教的対立は深刻な紛争を生み出してきた。

第七章　行為主体の動的モデルとゲーム

この章では、行為主体の動的モデルを規定し、この枠組みの中で主要なゲームが分析できることを示していく。

1　行為主体の動的モデル

本書第六章で導入した行為主体のモデルに、状態変化の確認によって志向的状態を更新する操作を加えることができる。この節では、この方法によって行為主体の動的モデルを規定する。

動的規範体系と行為主体の動的モデル

規範体系論理学は『規範とゲーム』第四章で紹介されている枠組みであり、ここではこれを発展させた動的規範体系論理学の枠組みを紹介する。規範体系論理学は、固定された信念集合と固定された義務集合を基盤とした枠組みである。これに対し動的規範体系論理学は、更新される信念集合と更新される義務集合を基盤とした枠組みである。そこで規範体系を区別するために段階kを導入する。このとき、それぞれの段階だけに注目すると、その各段階での枠組みは規範体系論理学となる。そして、それらの段階ごとでの発展を総合的に捉えた体系が動的規範体系論理学である。

標準的ゲームを記述するためには更新される信念集合と固定された義務集合を用いれば十分なので、本書ではこのようなケースを主に扱う。また、動的〈信念・欲求・義務〉論理学も信念集合と欲求集合と義務集合を更新させる可能性を許すことで〈信念・欲求・義務〉論理学を基盤にして定義することができる（本書では、動的〈信念・欲求・義務〉論理学を「動的ＢＤＯ論理学」と省略して表すこともある）。

次に、動的規範体系論理学を用いてゲームが記述できることを説明しておこう。ゲームのルールは、信念集合と義務集合を用いて記述することができる。これを「静的規範体系」と呼ぼう。そして、ゲームの進行は信念集合のみを更新していくことによって得られる動的規範体系を用いて描くことができる。このとき義務集合は、時間発展に依存せず固定的である。これに対し信念集合は、状態の発展とともに新しい情報が加えられて豊かになっていく。ゲームの状態は、時間発展するため、後続者を持つ。ここで、０、１、２と続く状態のインデックスを考えよう。このとき、nという状態での信念集合をＢ(n)で表す。私たちはこれだけの操作を規範体系論理学に付け加えるだけで動的規範体系論理学を得ることができる。そこでは、固定された義務集合Ｏと時間発展して更新されていく信念集合

B(n)を用いた規範体系論理学を考えるのである。このとき、動的規範体系は〈B(n), O〉と表すことができる。また義務集合Oには多くの場合、条件文も含まれている。そこで、信念集合の中に行為遂行による状態変化が取り入れられると、この新たな状態変化によってO中の条件文の前件が充たされることになるため、後件で表された新たな義務が発生することになる。

ゲームにおける状態更新は、プレイヤーの行為によって引き起こされる。プレイヤーに許された行為タイプの集合は許容空間で表される〔本書第六章（1g）〕。プレイヤーはこの許容空間の中から行為タイプを選択して実行に移すことによってゲームに変化をもたらし、状態更新を引き起こすことができる。この行為選択と行為遂行は、プレイヤーの自由意志に依拠して可能になっている。このように、ゲーム中でのプレイヤーの行為は、行為主体の動的モデルを用いて記述できる。そして行為主体の動的モデルでは、状態更新によって自分の環境が変わり、自分の許容空間が新たになった場面で行為主体が再び行為して状態を変えるという進行が繰り返されることになる。

信念と欲求と義務の共有

複数のプレイヤーが登場するゲームでは、プレイヤー間でのルールの共有が前提になる。というのも、ルールの共有がなければバラバラに別のゲームをしていることになってしまうからである。ところで、ゲームのルールは動的規範体系論理学の枠組みで記述できる。このとき、志向的状態の共有と個々のプレイヤーの志向的状態との関係を特徴づける必要が出てくる。

私たちは本書で、志向的状態の共有がどのようなものかを詳細に定義しない。信念の共有に関しては、それが無限背進を含むのかどうかなどについてさまざまな議論がある。(1) この専門的な議論に入り込まないために本書では、志向的状態の共有については、次のような必要条件の提示にとどめることにする［（1d）、（1e）、（1f）］。

（1a）［基礎信念］pが集団GにおけるG－基礎信念である ⇕ Gのすべての構成員がpを信じている。

（1b）［基礎欲求］pが集団GにおけるG－基礎欲求である ⇕ Gのすべての構成員がpを欲している。

（1c）［基礎義務］pが集団GにおけるG－基礎義務である ⇕ Gのすべての構成員が、pが義務だと思っている。

（1d）［共有信念］pについての信念が集団Gで共有されているなら、Gのすべての構成員がそれぞれpを信じている。

（1e）［共有欲求］pについての欲求が集団Gで共有されているなら、Gのすべての構成員がそれぞれpを欲している。

（1f）［義務についての共有信念］pについての義務が集団Gで共有されているなら、Gのすべての構成員がそれぞれ、pが義務だと思っている。

これらの規定から明らかなように、集団Gで共有された信念はG－基礎信念であり、集団Gで共有された欲求はG‐基礎欲求であり、集団Gで共有された義務はG‐基礎義務である。このような共有された志向的状態があるので、複数のプレイヤーが参加するゲームが可能になるのである。

多くの信念や規範は、現在では文書化されて保存されている。法律や機械の設計図や取扱説明書など、一人の記憶能力を超える規範体系も多い。文書化することによって内容が固定化されるとともに、多くの人々がその規範体系を参照することが可能になる。

2　行為主体の動的モデルを用いたゲームの記述

この節では、標準的なゲームが動的規範体系論理学を用いて記述できることを、具体例を用いて示すことにする(2)。

一人ゲーム

『規範とゲーム』の第五章第2節と同様に、三方陣ゲームの記述からはじめよう。三方陣というのは、三方いずれの列についてもその列の合計が同じになるものである。三方陣ゲームは、この三方陣を構築する一人ゲームである。

(2a)［基礎理論1（状態遷移に関する規定）］3×3の正方形の方陣がある。そして、プレイヤーが数字xをこの方陣のマスyに書くと、この行為の結果として、yがxで占有され、状態が更新される。

（2b）［基礎理論2（終了条件に関する規定）］ゲームは、九マスすべてが数字で占有されたときに終了する。このとき、縦列および横列および斜め列の数を足し合わせた合計がすべて同一になったときにプレイヤーの勝利となる。

（2c）［初期状態集合］初期状態集合は、「状態0で方陣中のマスはどれも占有されていない」という文から構成される集合である。

（2d）［義務1］ゲームが未終了なら、プレイヤーは未使用の数字ひとつをまだ占有されていないひとつのマスの中に書く。

（2e）［義務2］一度に複数の数をマスに書き込まない。

（2f）［義務3］一度使用された数字を書き込まない。

（2g）［義務4］占有されたマスに新たに数字を書き込まない。

（2h）［初期信念集合］初期信念集合B(0)は、基礎理論1と基礎理論2からなる集合と初期状態集合との和である。

（2i）［義務集合］義務集合Oは、義務1と義務2と義務3と義務4からなる集合である。

（2j）［状態更新］状態kでゲームが終了していない場合には、プレイヤーは義務1を他の規範を守ったうえで実行する。すると、基礎理論1に基づいて、状態の更新が起こる。つまり、「状態kで数字xをマスyに書く」というタイプの文をk段階での信念集合B(k)に加えてk＋1段階での信念集合B(k+1)を作成する。こうして、k＋1段階での規範体系〈B(k+1), O〉が形成される。

（2k）［ゲームの終了］ゲームの終了条件（基礎理論2）が充足されると、ゲームは終了する。

三方陣ゲームでは、義務1の実行によってゲームが進行する。つまり、プレイヤーが未占有のマスに未使用の数字を書き込む。これを、「状態kで数字xをマスyに書く」というように表そう。通常プレイヤーは、ゲームに勝つことを目指して自分の自由意志で許容空間から見込みのある一手を選びゲームを進行させていく。数字が9個でマスが9個なので、三方陣の場合、状態kでの許容空間は$(9-k)^2$個の可能な手から成っている。だから、状態0では81個、状態1では64個、状態2では49個、……、状態6では9個、状態7では4個、状態8では1個の可能な手が許容空間に含まれていることになる。だから状態8では、残された1個の数字を残された1個のマスに書き込むことになり、他の選択肢は残っていない。また状態0での規範体系は〈B(0), O〉であり、……、状態9での規範体系は〈B(9), O〉ということになる。図7－1では、三方陣ゲームの可能な進行例が描かれている。

ここで示されているように、三方陣ゲームを適切に理解した自由意志を持った行為主体であれば誰

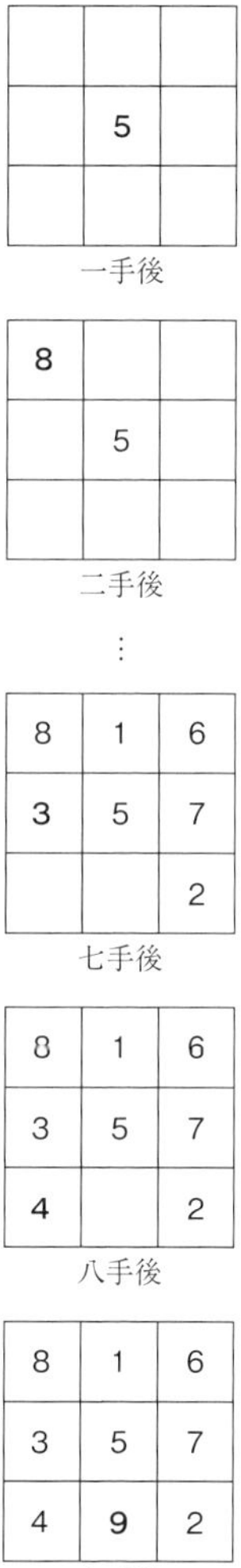

図７－１　三方陣ゲームの進行例

でもこのゲームをプレイできる。またこのゲームの進行は、動的規範体系論理学で完全に記述できることがわかった。『規範とゲーム』ではこのことを示していないために、規範体系とゲーム体系の間に距離が残されていた。しかしその後の研究で、標準的なゲーム体系は動的規範体系論理学の枠組みの内部で描写できることが判明した。この記述によれば、行為主体はゲームの中で、ゲームに関する規範を守り、与えられた許容空間の中から自由意志に基づいて行為タイプをひとつ選択して実行し、ゲームの終了条件が充たされるまでこの作業を繰り返していくことになる。

二人ゲーム

標準的二人ゲームも動的規範体系論理学を用いて記述できる〔中山 2015a; Nakayama 2016a〕。『規範とゲーム』でも扱われた三目並べを例にこの記述可能性を示そう。三目並べは、二人のプレイヤーが3×3の格子に記号「○」と記号「×」を交互に書き込んでいき三つ同じ記号を並べるゲームである。三目並べをA氏とB氏がプレイしているとしよう。すると、A氏とB氏に関する二つの行為主体の動的モデルが用いられることになる。また二人の間で、ゲームの規則が共有されることになる。ゲームの規則は、信念部分と義務部分に分けられる。また、一人ゲームと異なり、手番に関する規則が導入される。

（3a）［基礎理論1（状態遷移に関する規定）］二人のプレイヤーAとBがいる。ここで、AとBからなる集合をGとする。そして、3×3マスがある。先手のプレイヤーは記号○を用い、後手のプレイヤーは記号×を用いる。また、どの状態でも一人だけが手番であり、次の状態では対戦相手が手番となる。そして、手番のプレイヤーが自分の記号を未占有のマスに書き込むと、この行為の結果としてこのマスがこのプレイヤーの記号で占有され、状態が更新される。

（3b）［基礎理論2（終了条件に関する規定）］一人のプレイヤーが縦列あるいは横列あるいは斜め列に自分の記号を書き終わった場合にこのプレイヤーが勝ちとなり、この時点でゲームは終了する。また、九つのマスがすべて記号で占有されたときにもゲームは終了する。

（3c）［初期状態集合］初期状態集合は、「状態0で方陣中のマスはすべて占有されていない」と「Aが手番である」という文から構成される集合である。

（3d）［義務1］ゲームが未終了なら、手番のプレイヤーは自分の記号を未占有のマスのひとつに書き込む。そして、手番でないプレイヤーは相手が記号をマスに書き終わるまで何もせずに待つ。

（3e）［義務2］一度に複数の記号をマスに書き込まない。

（3f）［義務3］占有されたマスに新たに記号を書き込まない。

（3g）［初期共有信念集合］初期共有信念集合 $B_G(0)$は、基礎理論1と基礎理論2からなる集合と初期状態集合の和である。

（3h）［共有義務集合］共有義務集合O_Gは、義務1と義務2と義務3からなる集合である。

（3i）［状態更新］状態kでゲームが終了していない場合には、手番のプレイヤーは義務1を他の規範を守ったうえで実行する。すると、基礎理論1に基づいて、状態の更新が起こる。つまり、「状態kで手番のプレイヤーの記号をマスyに書く」というタイプの文をk段階での共有信念

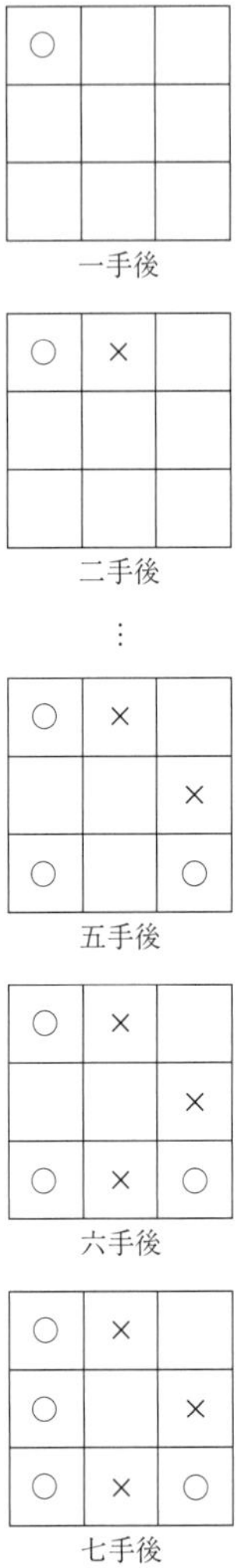

図7-2　三目並べの進行例

$B_G(k)$に加えてk＋1段階での共有信念$B_G(k+1)$を作成する。また二人ゲームでは、〈$B_G(n)$, O_G〉がゲームの進行を表す動的規範体系となる。

（3 j）［志向的状態の共有］ k段階での共有信念$B_G(k)$は、状態kにおける二人のプレイヤーのそれぞれの信念集合に含まれている。そして共有義務集合O_Gは、任意の状態における二人のプレイヤーのそれぞれの義務集合に含まれている。

（3 k）［ゲームの終了］ ゲームの終了条件（基礎理論2）が充足されると、ゲームは終了する。

三目並べのようなゲームでは、手番があり、手番のプレイヤーが許容された一手を実行することによってゲームが進行していく（図7-2）。一人のプレイヤーがその状態での許容空間の制約の中で自由意志に基づいて自分の記号を書き入れたなら、他のプレイヤーに手番が移る。そしてこのことが繰り返される。この手番の移動が一人ゲームとの違いである。また二人のプレイヤーは、ゲームで展開される状態についての知識をつねに共有している。ゲームの初期状態では、先手には9個のゲーム行為の許容空間がある。それが次には、8個のゲーム行為の許容空間になる。こうして、記号によって占有されたマスが増えていくとともに、プレイヤーにとっての許容空間は狭くなっていく。このとき、ゲームの進行は $\langle\langle B_G(0), O_G\rangle, \langle B_G(1), O_G\rangle, \ldots, \langle B_G(5), O_G\rangle, \langle B_G(6), O_G\rangle, \langle B_G(7), O_G\rangle\rangle$ という集団Gの規範体系の列で表すことができる。

三目ゲームのような二人ゲームは、言語を用いたコミュニケーションと似ているところがある。コミュニケーションでも話し手と聞き手の交代のやりとりがあり、相手の言ったことに反応して次に言うことが決められていく〔Nakayama 2016d〕。

3　チームゲームの分析

チームゲームの多くも、二人ゲームと同様の形で動的規範体系論理学を用いて分析できる。野球のような場合には、ゲームの中での事実を確定するゲーム管理システムが必要になる場合がある。例えば、審判団が形成されて事実認定にたずさわり、ゲームの進行を記録する記録係なども用意される。この審判団や記録係は、ゲームを支える管理システムに属することになる。

チームゲームと役割

野球のようなチームゲームについては、『規範とゲーム』第五章で扱った。ここでは、役割という概念が現れる。役割も規範的な概念であり、次のように規定できる。

（4a）［チーム］チームは、本書第六章第4節で導入された〈拡張された行為主体〉である。野球チームは、少なくとも九人の選手と彼らが使う野球用具から構成される一個の存在者である。

（4b）［役割に関する規定］チームGのサブグループAの人たちが役割Fを持つとは、チームGの中でAに属する人たちだけにFを特徴づける行為をすることが許されているということである。言い換えると、Fを特徴づける行為タイプの実行はAに属する人たちの許容空間だけに含まれており、チームG内のそれ以外の人たちの許容空間には含まれていない。ただし、サブグループAには一人の人物だけが属する場合もある。

例えば野球では、「ピッチャー」や「キャッチャー」や「一塁手」などが守備の役割を表現する用語である。進行している試合の守備の場面では、チーム中のピッチャーは一人だけであり、キャッチャーに向かってバッターに対してボールを投げることはピッチャーだけに許されている。この〈キャッチャーに向かってバッターに対してボールを投げるという行為〉が、ピッチャーを特徴づける行為である。

野球においても、プレイヤーたちが野球の規範体系（つまり、野球のルール）とその都度の進行状況を共有することは、ゲームの遂行に不可欠である。野球は、二チームによってなされるゲームであり、先攻と後攻がある。試合開始時では、先攻は点をとろうとして攻撃し、後攻は守備をして点をとられないようにする。野球ゲームの進行は、動的規範体系論理学の枠組みを用いて記述できる［Nakayama 2016a: Sec. 12.8, p. 264f］。野球のルールは複雑なので、それを規範体系の言語に翻訳することは煩わしいが、基本的にこのルールの記述は三目並べの場合と変わらない。ただ、審判がプレイヤーの行為の判定を行い、事実認定を行う面が単純な二人ゲームと異なる点である。

チームゲームに現れる用語は、信念集合の中で導入される。そして場合によっては、義務集合の中でプレイヤーに許された行為がその用語を用いて規定される。例えば野球では、「アウトが三つあると、その回の攻撃は終了する」という文がルールの信念集合に含まれる。そして、「アウトになれば、その宣言を受けたバッターまたは走者は塁にとどまらない」という文が義務集合に含まれる。また役割を含む用語は、信念集合の中で導入された後にその役割と結びついた義務や権限が義務集合の中で規定される。例えば、「ピッチャーは投球時に投球板に触れなければならない」というピッチャーに対する義務が野球のルールブックには記されている。

『規範とゲーム』第五章第４節で論じたように、サールはゲームの規則の多くが構成的規則（constitutive rule）であると言っている。つまり、そのような規則は事実構成的である。私は、『規範とゲーム』でゲームの事実構成的側面を説明したが〔p. 117〕、少し用語を変えてここで繰り返しておく。

（５）［事実構成］規範体系の使用による事実構成は、次の二つのことを基盤に成り立っている。

（ａ）規範体系に新用語が導入されることによって、新たに多くのことが表現可能になる。

（ｂ）人々が、自分が理解した規範体系に従って実際に行動するとともに、それらの行動をその規範体系を用いて解釈する。

野球の場合には、あるバッターがホームランを打ったかどうかを審判が野球の規範体系をもとに見極め判定をすることによって、そのバッターがホームランを打ったという事実を確定することができる。野球の規範体系がなければ、誰にもホームランを打つことは不可能であり、このホームランを打つという行為は野球の規範体系を前提にしてはじめて成立するものである。

野球には、監督やコーチがいてサインを出して相手チームにさとられないように戦略をさずける場合がある。こうして、チームは一体となって相手チームに勝とうとする。このように、野球はプレイヤー全員が野球の規範体系に従って自分の役割をはたそうと努めることによってはじめて成立するゲームである。

チームゲームを支える管理システム

野球の公式ゲームでは、審判団や記録係がゲームの進行を補助することになる。この問題については、『規範とゲーム』の第五章第4節ですでに扱った。ここでは、野球の審判団が従うべき規範体系があり、これも動的規範体系論理学で記述することができることを示すことにしよう。審判団はもちろん、日常世界における司法に似た役割を野球の中で担っている。しかしそれとともに、野球ゲームの管理システムの一部を担っていることを本書では強調しておきたい。

審判団の構成に関してはいろいろなケースがあるが、四人審判制の場合には一人の球審と各塁に配置される三人の塁審から審判団は構成される。審判の判定についての規範を次に要約しておく〔中山2011: p. 113〕。

（6a）［審判の義務］審判は、裁定規則に従いつつ自らの判断で、野球ゲームにおける事実判定を行う義務がある。この事実判定には、ストライク、ボール、セーフ、アウト、フェア、ファウルなどについての判定が属する。

（6b）［判定結果の共同承認］審判の判定結果は、ゲームへの参加者すべてによって承認され、これに対する異議申し立ては原則的に禁止されている。この共同的承認によって判定結果は事実として確定する。

このような審判システムがなければ、対戦チームの間で事実の決定に関する争いが起きてしまい、結果的にゲームが進行しないことになってしまうだろう。またプレイヤーにとって、野球の規範体系に従ってプレイすることが正義であり、これに違反することが不正となる。このように、審判システムは野球における秩序と正義を支える役割をはたしている。

また記録係は、審判の判定結果を即座にスコアボードに反映させ、プレイヤーや観客に周知し、彼らが共有信念を形成するための基盤を提供する。このゲームの進行状況の周知は、記録係の義務である。この記録係の周知活動によって、プレイヤーたちはゲームの中で適切な判断を行い、観客はゲーム観戦を楽しむことができる。

一般の社会組織を念頭に置いて考えた場合、このような審判システムや記録係システムを通したゲーム進行の管理は示唆的である。経済活動においても窃盗や詐欺や横領などの不正行為は公正な取引を乱すものであり、司法システムや他の管理システムを拡充することによってそれらの不正行為を防止しなければ経済活動を順調に継続できないだろう〔本書第九章〕。また、株価や為替レートの周知は投資活動には欠かせないものだろう。このように、野球のようなチームゲームは社会の縮図として捉えることができる。

審判集団の規範体系

野球において、プレイヤーも審判も野球に関する規範体系を共有しており、ここに違いはない。しかし、プレイヤーが持つ規範体系と審判が持つ規範体系との間には微妙な違いがある。ここでは、この二つの規範体系の違いを説明しよう。

この違いは、ある投球がストライクであるか、あるいは、あるプレイがアウトであるかなどの事実認定に関係して現れる。審判は、直接的に事実認定を行うことができる。これに対しプレイヤーは、審判が決定した事実認定を受け入れることしかできず、自身の事実認定に固執することは許されていない。このことを、ピッチャーの投球の判定を例にして見ておこう。

（7a）［審判の義務1］ピッチャーが投げた球がストライクならば、球審が「ストライク」と大きな声で言う。そして、ピッチャーが投げた球がボールならば、球審が「ボール」と大きな声で言う。

（7b）［プレイヤーの共有信念1］ピッチャーが投げた球について球審が「ストライク」と言うな

らば、その球はストライクである。そして、ピッチャーが投げた球について球審が「ボール」と言うならば、その球はボールである。

ここで、2ボール2ストライクという状況でピッチャーが投球し、バッターはバットを振らなかったとしよう。そして、この球がストライクだと球審が思ったとしよう。すると、〈審判の義務1〉に従って球審に「ストライク」と叫ぶ義務が発生し、球審がこれを実行する。この球審の判定がプレイヤーたちに確認されると、〈プレイヤーの共有信念1〉に従い、プレイヤーたちはこの球はストライクであり、野球のルールに従ってバッターはアウトになったと信じることになる。このとき球審ももちろん、野球のルールに従ってバッターがアウトになったと判断することになる。

サールは、審判の判定における発語内行為のタイプを主張的宣言型（Assertive declarations）として特徴づけた〔Searle 1979; 中山 2004: 第三章第2節〕。主張的宣言型の発語内行為をともなう発話では、話者が正しいと思っていることを発話することで、その発言が事実になる。これはまさに、審判の判定において起こっていることである。主張的宣言型と呼ばれるタイプの言語行為を実現する発話がいかに機能するかは、ひとつの発話だけでなく、その文脈を含めて分析されるべきだろう。実際、ゲームの枠組みを用いることで、主張的宣言型の発話がどのように機能するかを詳細に分析できるのである。

4　言語行為の分析

オースティン（John L. Austin, 1911-1960）とジョン・サールは、一九五〇年代から一九七〇年代にかけて言語行為論を展開した。ここでは、ＢＤＯ論理学の体系を基盤にして言語行為を分析する。

サールの言語行為論粗描

私は、『共同性の現代哲学』（2004）第三章で、言語行為論について紹介している。ここでは、この記述に基づいて言語行為論がどのような理論であるかを簡単に説明しておく。

言語行為論は、イギリスの言語哲学者オースティンによって一九五〇年代に提案された〔Austin 1962〕。サールはこのオースティンの言語行為論を一九六〇年代から一九七〇年代にかけて体系化した〔Searle 1969, 1979〕。以下では、サールの言語行為論のうち、本節で展開される分析に関わる部分だけを説明しておくことにする。

言語行為論の出発点には、オースティンによる発語行為（locutionary act）、発語内行為（illocutionary act）、発語媒介行為（perlocutionary act）の区別がある。発語行為は何かを言うことであり、発語内行為は何かを言うことにおいて（in saying）行う行為であり、発語媒介行為は何かを言うことによって（by saying）行う行為である〔Austin 1962: p. 94; 中山 2004: p. 59〕。

サールは、発語内行為を規定する規則を四つの規則群に分類した。それらは、命題内容規則

（propositional content rule）、事前規則（preparatory rule）、誠実性規則（sincerity rule）、本質規則（essential rule）である〔Searle 1969: p. 63, 邦訳 p. 113f〕。命題内容規則は適切な命題内容に制約を加える規則であり、事前規則は発語内行為の適切な遂行に不可欠な規則である。本書では、この事前規則を重視する。そして、誠実性規則は発語内行為遂行において誠実である場合には充たされている特徴的心的状態について述べる規則であり、本質規則はその発話がどのような行為遂行とみなされるかを述べる規則である〔中山 2004: p. 68〕。

さらにサールは、発語内行為を五つのタイプに分類する。それらは、主張型（Assertives）、指令型（Directives）、行為拘束型（Commissives）、表現型（Expressives）、宣言型（Declarations）の五つである。また宣言型には、主張的宣言型という下位クラスが設けられている〔Searle 1979: pp. 12–20; 中山 2004: p. 71f〕。主張型の発話は発話内容が真であることのコミットメントを示し、指令型の発話は聞き手に何かをさせるよう試みることを示している。また、自己拘束型の発話は話者自身が将来する行為へのコミットメントを示している。そして、表現型は感謝や謝罪の気持ちなどを示し、宣言型の発話は宣言に用いられる。

動的〈信念・欲求・義務〉論理学を用いた言語行為の分析

『共同性の現代哲学』での私の言語行為の分析は、志向性の分析に基づくものだった。そこで私は、本書とは少し異なる行為者モデルを提案していた。そこでは、話者は特定の志向的状態の変化を聞き手にもたらすことを目的として発話していると分析されていた〔中山 2004: 第四章第2節〕。しかし本書では、命令などは聞き手に特定の行為をうながすことを目的とした行為として分析することになる。

動的BDO論理学に基づく分析によれば、言語使用者は五つの発話タイプを区別して発話し、発話の解釈を行う。ここで想定されている五つの発話タイプは、主張型、表現型、宣言型、自己拘束型、指令型であり、話者はこのいずれかのタイプの発話をすると仮定しておく。言語使用者は、あらかじめ次のような信念図式と義務図式を自らの信念集合と義務集合の要素として持っていると私はここで提案する。

（8a）〔信念1〕話者が〈主張：p〉と言い、話者が信頼に足る人物であるとともに主張型の事前条件がすべて充たされているならば、p。

（8b）〔信念2〕話者が〈表現：p〉と言い、表現型の事前条件がすべて充たされているならば、p。

（8c）〔集団の共有信念1〕話者が集団に向かって〈宣言：p〉と言い、自分がこの集団に属し、宣言型の事前条件がすべて充たされているならば、p。

（8d）〔義務1〕話者Sが〈自己拘束：私がXする〉と言い、自己拘束型の事前条件がすべて充たされているならば、SがXする。

（8e）〔義務2〕話者SがAに〈指令：Xする〉と言い、指令型の事前条件がすべて充たされているならば、AがXする。

（8f）〔言語能力〕日本語能力のある人は、信念1と信念2と〈集団の共有信念1〉を自分の信念集合の部分として持ち、義務１と義務２を自分の義務集合の部分として持っている。

例として、会社の課長Ｓが平社員Ｈに「この資料をパソコンに打ち込んでくれたまえ」と言ったとしよう。すると、Ｈは自分の信念集合を更新し、「〈指令：この資料をパソコンに打ち込む〉とＳがＨに言う」という文を新たに加える。また、Ｈはこのとき指令型の事前条件がすべて充たされていることを確認し、このことを表す文がＨの信念集合に加えられる。すると動的ＢＤＯ論理学に従えば、義務２の図式がＨの義務集合にすでに入っているので、ここから「Ｈはこの資料をパソコンに打ち込まなければならない」というＨの義務を表す文がＨの動的規範体系から帰結することになる。そして、Ｈが自分の自由意志でこの義務を選択するなら、Ｈはこの要求された行為を実践することになる。他の発話タイプについても、言語行為の分析は同様の仕方で展開できる。ちなみに、宣言型の発話については話者の発話は集団に向けられており、話者が集団に向かって〈宣言：ｐ〉と言ったことによる信念の更新はその集団の共有信念に対して行われなければならない。

５　言語ゲームと行為主体

言語ゲームは、後期ヴィトゲンシュタインの思想を特徴づける概念である。言語能力が言語ゲームを行う能力であるという考えを後期ヴィトゲンシュタインは持っていた。拙著『規範とゲーム』では、ゲームが社会と個人のつながりを生み出す装置として機能していることを示そうとした。この節では、言語ゲームが行為主体によってなされるゲームとして厳密に記述できることを示唆したい。

言語ゲームの記述

ヴィトゲンシュタインの原初的言語ゲームは、動的ＢＤＯ論理学の枠組みで記述できる〔Nakayama 2016a〕。そこからわかることは、言語ゲームもゲームだということである。『哲学探究』パートⅠ第2節でヴィトゲンシュタインは、建築家と助手の間の原初的言語ゲームを記述している〔Wittgenstein 1953〕。このゲームは、建築家が「石板」などの四種の石のタイプを助手に向かって叫び、助手が呼ばれた石をひとつ建築家のもとに持っていくというものである。この言語ゲームに関わる動的規範体系は、次のように表せる。ただし、プレイヤーは建築家と助手の二人であり、この二人の集合をＧで表す。

（９ａ）［信念１］　石材が材料置き場に置かれている。石材には、ブロック、円柱、石板、角柱の四種類がある。

（９ｂ）［信念２］　助手がＸという種類の石材ひとつを建築家に手渡すなら、材料置き場からこの石材がなくなり、建築家の手元にその石材がある。

（９ｃ）［義務１］　建築家がＸという石材の種類を助手に向かって叫んだなら、助手はＸという種類の石材ひとつを建築家に手渡す。

（９ｄ）［初期共有信念集合］　初期共有信念集合 $B_G(0)$ は、信念１と信念２からなる集合である。

（9e）［共有義務集合］ 共有義務集合O^Gは、義務1からなる集合である。ゲームの進行中に、共有義務集合は固定されていて変化しない。

（9f）［状態更新］ 状態kで建築家がAという石材の名前を叫んだなら、「状態kで建築家がAと叫ぶ」というタイプの文をk段階での共有信念集合$B_G(k)$に加えて、k＋1段階での共有信念集合$B_G(k+1)$を作成する。また、状態kで助手がAという石材のひとつを建築家に手渡したなら、「状態kで助手がAという石材のひとつを建築家に手渡す」というタイプの文をk段階での共有信念集合$B_G(k)$に加えて、k＋1段階での共有信念集合$B_G(k+1)$を作成する。

（9g）［志向的状態の共有］ k段階における共有信念集合$B_G(k)$は、状態kにおける建築家と助手のそれぞれの信念集合に含まれている。そして共有義務集合O^Gは、任意の状態における大工と助手のそれぞれの義務集合に含まれている。

この動的規範体系〈$B_G(n), O_G$〉に従って建築家と助手が行為を実行に移すことによって、この言語ゲームは進行する。建築家には四つの行為タイプを実行する選択肢がある。これに対し、助手にはそれぞれの場面で呼ばれた石材を手渡すというひとつの行為選択肢しかない。つまり助手にはこの作業において自分の自由意志を発揮する余地はなく、彼は建築家の指示に強制的に従わねばならない。

このように、多くの言語ゲームは言語使用と非言語的行為とが組み合わさってひとつのゲームを形成する。また言語ゲームは、ひとつの発話だけに注目したものではなく、ある目的に向かった行為連鎖からなるのが普通である。そして私たちの日常生活は、複数の人たちと多くの言語ゲームを遂行することで成立している。

規則に従うことに関する懐疑の問題

これまで本書第Ⅱ部で論じてきた問題は、他人の心の状態をのぞくことができる超越的視点から描かれていた。しかし現実の人間は、相手の心の中をのぞくことができない。そのため、ある信念や欲求や規範が本当に共有されているかどうかについて疑うことが原理上可能である。普通は、人々はこのような疑問を抱かない。それはおそらく、デイヴィドソンが寛容の原則（principle of charity）を導入して論じたように、共有信念の存在がコミュニケーションの前提になっているからである。[3] 共有信念がある程度あるからこそ、発話することによって伝達したかったことが伝わる。この信念なしには、発話の動機が起こらないだろう。例えば、日本語がわからない外国人に複雑なことを日本語で説明しようとは私たちはしないだろう。

ソール・クリプキ（Saul A. Kripke, 1940-　）が『ウィトゲンシュタインのパラドックス』（1982）で論じた規則に関する懐疑的議論も、これと同様の問題だと私は考えている。クリプキが指摘したパラドックスというのは、ある記号に対するこれまでの言語使用についてすべて私と一致していた人物がこれからもずっとその記号の使用に関して私と一致するという（論理的）保証がないという問題である。

また、相互信念を規定したときに生まれる無限の循環という問題も同様の起源を持つ。これは、信念の共有に関する問題である。私たちは、自分と相対している相手が本当はどう思っているかを確実に知ることはできない。

『規範とゲーム』第一章第1節ですでに、私はこの問題について論じている。この問題に対する私の立場はその後、基本的に変わっていない。ここでは、私の立場をプラグマティックな解決法として短くまとめておこう。

（10ａ）［懐疑］規範体系がプレイヤーたちすべてに共有されていないことは原理的に可能である。

（10ｂ）［懐疑的主張］規範体系がすべてのプレイヤーに共有されていないなら、ゲームはどこかで破綻し崩壊するだろう。

（10ｃ）［権威化による安定化］規範体系が共有されているプレイヤーたちを中心にして、ゲームは行われる。そして、優れたプレイヤーたちが現れて、このゲームに関する知識が権威化されていく。さらに、ゲームの規範体系に従わないでこのゲームを行おうとする人たちは、権威化されたプレイヤーたちには完全に無視される。だから、そのようなゲームの規範体系に対する反逆行為は広まらず、すぐに消滅する。

（10ｄ）［生活形式］人間には、生活形式（Lebensform）の一致が見られる(4)。この生活形式の一致は、部分的には生物学的構造の一致によって支えられている。そして、生活形式の一致が判断の一致を支えている(5)。

（10ｅ）［成文化による固定化］法律のように、規範体系を維持するために成文化がなされる。

（10ｆ）［権威化］学校や大学ができ、知識が権威化され、定着していく。

（10g）［プラグマティックな解決］（10a）と（10b）からゲームの破綻が帰結する。これに対し私は、（10c）から（10f）で表された規範体系の権威化の活動によってゲームの実践が維持できると指摘したい。規範体系は、集団の成員全員に共有されていなくてもそれが権威化されることで集団の中で維持できる。(6)

そして、規範体系が共有されないという事態は、実際に起こりうる。それは、一時的に無政府状態が生じた場合や、自然科学や数学の研究においてパラダイムの選択をめぐる激しい衝突が発生した場合に起こる可能性がある。しかし人々は、このような破綻を避けるために安定した規範体系を新しく提案し、それが広く承認されるための試みを続け、一定の成果をあげてきたと言えるだろう。

第八章　行為主体にとっての情報の顕在化

アリストテレスが論じた意志の弱さの問題を適切に描くために、本書では、潜在的情報と顕在的情報を区別する。本章で扱うのは、心的葛藤の中で行為の決断がどのようになされるのかという問題である。

1　行為主体のジレンマ

人間は複雑であり、行為主体の動的モデルは人間の一面を描写したものにすぎない。この節では、人間の複雑さの一部を記述しておく。信念と欲求の潜在的集合があり、そこから一部が顕在化して取り出され推論が実行されるという考えを、ここでは提案する。そして、動的ＢＤＯ論理学が表しているのはこの顕在化された部分の推論であると捉えることにする。

信念と欲求の顕在化

信念と欲求には潜在的なものと顕在的なものがあると私は考えている。潜在的欲求と顕在的欲求の違いは、顕在的欲求のみが意思決定に関わるということにある。そして、一部の潜在的欲求は一度も顕在化しないかもしれない。

ここで例として、依存症について考えてみよう。さまざまなタイプの依存症では、依存症と関わる短期的欲求がその人物の意思決定を支配するようになる。依存症の状態を本書の用語で表現すると、「依存症に関わる短期的欲求がいつも顕在化しており、この欲求と矛盾するような欲求は潜在的な欲求にとどまったまま顕在化しない」というようになる。例えばアルコール依存症では、飲酒の欲求が職場や家庭での役割からくる義務に優先してその人物を支配するようになる。そしてそのような人の人生は、失業し家庭も失うというように発展しやすい。これは明らかに、その人物が（長期的に）望んでいたことではない。(1)

本書第六章で提案したBDO論理学の枠組みでこのような状況を描写するために、本書では、BDO論理学に現れる信念集合、欲求集合、義務集合はすべて顕在的だと捉えることにする。そして、潜在的信念集合と欲求集合は顕在的信念集合と欲求集合をそれぞれ部分集合として含んでいると解釈する〔本章第2節〕。

ここで、信念と欲求の顕在性・潜在性を考慮して、ジレンマの問題について考察しよう。それは、欲求そのものは矛盾していないが、それと信念を合わせると矛盾してくるというケースである。例えば、少女Aさんがアイスクリームを食べたいという短期的欲求と痩せたいという長期的欲求を持っているとする。このとき、「アイスクリームを食べると太る」ということをAさんが信じているとすると、Aさんの欲求体系は矛盾していることになる。このときのAさんの志向的状態は、次のように表せる。

（1a）［信念1］アイスクリームを食べるなら、太る。
（1b）［信念2］「太る」ことと「痩せる」こととは両立しない。
（1c）［欲求1］アイスクリームを食べる。
（1d）［欲求2］痩せる。
（1e）［欲求体系の矛盾］潜在的信念集合と潜在的欲求集合の和集合が矛盾しているとき、「潜在的欲求体系が矛盾している」と言うことにする。

潜在的信念集合が信念1と信念2を含み、潜在的欲求集合が欲求1と欲求2を含むならこの潜在的欲求体系は矛盾していることになる（（1e））。この矛盾を解消させるために、顕在的集合が潜在的集合の一部しか含んでいないと仮定することができる。すると、矛盾解消に関する複数の可能性が出てくる。

（2a）［信念1の抑圧］これは、顕在的信念集合が信念1を含まない場合である。じっくりものを考えずに即断する傾向のある人は、このような顕在的欲求体系の持ち主だろう。このような人は

即座に、アイスクリームを食べてしまうだろう。(2)

（2b）［欲求2の抑圧］これは、欲求2が顕在化しない場合である。アイスクリームの知覚に心が大きく動かされて、欲求1が顕在化し、欲求2の影が薄くなってしまい顕在化しないのである。この人もアイスクリームをすぐに食べてしまうだろう。

（2c）［欲求1の抑圧］これは、欲求1が顕在化しない場合である。痩せることに非常に強い関心を持っている人は、欲求1を顕在化させずに抑圧してしまうだろう。このような人は、アイスクリームを食べない。ただしこのような人は、拒食症になる傾向を持っているかもしれない。

このような心的コンフリクトの状態では、その人の個性が表面化することがわかる。知覚と欲求の間には強い関係がある。暑い夏の日にアイスクリームを目の前にするとき、アイスクリームを食べたいという欲求が高まるのは誰でも経験したことがあるだろう。このようなとき、信念1が顕在化されず、私はアイスクリームを食べてしまうだろう。そして、欲求1が充足されて消失した後、信念1が顕在化し、後悔の念にさいなまされるだろう。これは、飲酒や喫煙などに対する依存症にも表れる典型的な心の動きと似ているように思われる。

上に示した解決法では、抑圧と心的コンフリクトが生じている。これらを回避することはできるだろうか？　節度のある人がとりそうな解決法は、信念1を修正して、次の信念3を受け入れることである。

（１ｆ）［信念３］アイスクリームを食べすぎるなら、太る。

信念２と信念３と欲求１と欲求２を含む欲求体系は、必ずしも矛盾しない。「アイスクリームを食べすぎないようにすれば、アイスクリームを食べてもよい」という文がこのような欲求体系からは帰結する。これは、アリストテレスが勧めていた中庸の教えにも通じている〔『ニコマコス倫理学』第２巻第６章〕。というのも、太らない程度にアイスクリームを食べることは、まったくアイスクリームを食べないこととアイスクリームを食べすぎることとの中間に位置するからである。このような人は、放埒な人ではなく、節度のある人と考えてもいいだろう。

規範的信念に関するコンフリクト

欲求の場合と同様に、規範的信念に関してもコンフリクトの状況が考えられる。というのも、現代人の多くは異なる社会組織に同時に属し、複数の規範体系からの制約を受けるからである。例えば、会社員Ａさんが会社で行動しているときと、家庭で行動しているときでは、この人の動的モデルにずれがある。場合によっては、会社員として行動しているときに採用されている規範体系と家庭の一員として行動しているときの規範体系の間に矛盾が生じるかもしれない。このときＡさんは、一方の規範体系を優先させ、他方の規範体系を無視することになるだろう。しかし、これは根本的な解決ではなく、単なる一時しのぎにすぎない。根本的な解決は、現在勤めている会社をやめて別の会社に移るとか、家族生活の在り方を見直すとかいうことをともなうだろう。そして、それらの選択肢のどれを選ぶかは生き方の選択となる。

ここで、ひとつの物語を考えてみよう。公務員のB氏が標準的道徳原理に従って生きているとしよう。また、この標準的道徳原理には、「嘘をついてはいけない」という文が含まれていたとしよう。このとき、B氏が彼の上司からある資料を改ざんするよう要求されたとする。ここでは、公務員としての義務と道徳的義務が衝突することになる。ここでB氏は、職務を優先してその資料を改ざんし、自分の道徳的信条を個人の問題として一時的に無視することを決断する。しかしこの後、B氏は生きる意味を見失うという実存的危機におちいることになる。そしてB氏は、自殺してしまう。このように、一貫した統一的方針に従って生活全般を整理できないとき、人は苦境に陥る。

一人の人間の人生において、その人が関わる規範体系は全体として整合的になることが望ましい。たとえ異なる多くの社会組織に属していても、それらの規範体系を総合したものが整合的ならば問題はないだろう。しかし、この整合性が崩れるときには、生きることが苦痛になるか、ごまかしながら生きていくぐらいしか方法がないだろう。B氏にしても、可能ならば退職した方がよかったかもしれない。

欲求の場合と異なり、潜在的規範体系の矛盾は個人の問題を超えて、社会組織の構造的問題と関わる可能性がある。例えば、官僚組織に属する権威者からの命令をその組織に属しながら拒否するためには、その官僚組織の体制そのものを変えていく必要があるだろう。

このような規範体系間での矛盾は、かなり頻繁に見られる現象である。戦争の中で敵兵を射殺すること、会社の中で不正の内部告発をすることなど、この種の矛盾には多くの例がある。ここでは、

「どのように生きるか」、「どの価値を優先させるか」などの問いと人は向き合うことになる。

２　顕在化の論理的分析

私は本書で、顕在的信念・欲求と潜在的信念・欲求を区別する。そして、ＢＤＯ論理学に現れる信念集合・欲求集合・義務集合はすべて顕在的なものと解釈することを提案する。また、潜在的信念や欲求からその一部が顕在化するとき、本書第六章（１ａ）で規定した欲求体系と規範体系の整合性以外に形式的な要請はないものとして考察を進めていく。

志向的態度の帰属

私の考えでは、事実についての信念や欲求や規範的信念を人に帰属させるときに、私たちは二重の仕方でこれを行う。人はある時点で、信念や欲求を潜在的に持つこともあれば、それらを顕在的に持つこともある。そして、行為の意図的遂行に直接影響するのは、顕在的な信念や欲求である。また、信念や欲求の顕在化は知覚などによって直接的に引き起こされる場合もある。

（３ａ）［信念］顕在的信念集合は、潜在的信念集合の部分集合である。そして、潜在的信念集合のすべての要素はいつか顕在化する可能性を持っている。

（３ｂ）［欲求］顕在的欲求集合は、潜在的欲求集合の部分集合である。そして、潜在的欲求集合のすべての要素はいつか顕在化する可能性を持っている。

（3c）［義務］顕在的義務集合は、潜在的義務集合の部分集合である。そして、潜在的義務集合のすべての要素はいつか顕在化する可能性を持っている。

潜在的なものが顕在化する過程は、多くの場合、意図的なものではない。だから、この顕在化については思考によるコントロールがきかないことが多い。フロイトが、自我よりもエスの方が行動決定に関する支配力が強いと考えるのも、同様の観察によっているのだろう〔フロイト 1996: p. 222f〕。

ここで、潜在的信念、潜在的欲求、潜在的義務をまとめて「潜在的志向性」と呼ぶことにしよう。ところで、潜在的志向性はすべて過去に形作られたものである。そして、それらのうちのいくつかは幼児期に起源を持つかもしれない。だから、自分が潜在的に持っている欲求や規範の多くのものについて、いつからそれを自分が受け入れるようになったのかを私たちは知らない。

体験を通して受け入れられて積み上げられていく潜在的志向性を新たに組み替えなければ容易に生き続けられないような場面に、私たちは遭遇することがある。このようなとき、潜在的志向性の大きな組み換えを行うという実存的決断を、私たちはすることになる。それは、決断なしに生きられ袋小路に陥ってしまった生の過程をもう一度自分の決断で組み換え、自分の生を望ましいものに引き戻すための試みである。

欲求と規範的信念の対立

ＢＤＯ論理学では、信念集合と欲求集合の間の無矛盾性や信念集合と義務集合の間の無矛盾性は求めるが、信念集合と欲求集合と義務集合の全体の無矛盾性は求めない〔本書第六章（１ａ）〕。だから、欲求を重視するＡ氏と規範を重視するＢ氏の間では異なる行為選択がなされうる。次のような喫煙の例について考えてみよう。


（４ａ）〔信念１〕いま自分は喫煙禁止領域にいる。

（４ｂ）〔欲求１〕いまタバコを吸う。

（４ｃ）〔義務１〕喫煙禁止領域でタバコを吸わない。

（４ｄ）〔志向的状態〕Ａ氏もＢ氏も、信念１を自らの信念集合に含み、欲求１を自らの欲求集合に含み、義務１を自らの義務集合に含んでいるとする。また、Ａ氏は欲求を重視し、Ｂ氏は規範を重視しているとする。


行為主体のモデルに従うと、いま喫煙禁止領域でタバコを吸うかどうかは自由意志の問題となる。自分の欲求を重視するＡ氏は、いま自分がいる場所でタバコを吸ってしまうだろう。これに対し、規範を重視するＢ氏は喫煙許可領域まで移動して、そこでタバコを吸うだろう。このとき、Ａ氏は自らの規範的信念を無視している。これに対し、喫煙許可領域まで移動するＢ氏は自分の欲求を変容させて、後でタバコを吸うことを選択し、タバコを吸うという欲求は最終的には充足させることができている。

場合によっては、この欲求と規範の矛盾から心的コンフリクトが生じる。この問題については、本章第4節で考察することにする。

3　行為主体の心の記述

行為主体は、行為することをどのように動機づけられるのだろうか。本節ではこの動機づけの問題について考察したい。

感情・感覚と欲求

感情や感覚が欲求形成に影響することがある。例えば、ドアに足を挟まれて痛みを感じている人は、この痛みから解放されたいという欲求を抱くだろう。そして、親は子に愛情を抱き、子どもを守ろうという欲求を抱く。子どもがいじめられて悲しむとき、親がこの子どもの悲しみに共感することも多い。そして、子どもに対するいじめがなくなることを欲するだろう。

本書第三章第1節で見たように、イギリスの近世哲学には感情倫理学の伝統がある。ヒュームの道徳感情説によれば、道徳が情念を引き起こし、行為を生み出したり抑えたりする〔本書第三章（1b）〕。またアダム・スミスによれば、私たちは哀れみや同情という共感を持ち、この共感を基盤にして自分の行為が道徳的か否かの判断を下すことができる〔本書第三章（2b）、（2c）〕。私は、このような場合も実際にあると考えるが、これが道徳的行為の動機のすべてではないと思っている。

本書のＢＤＯ論理学の枠組みでは、感情を直接に表現できない。自分がどのような感情を持っているかは事実に関する信念として記述できるが、それだけでは行為を促すことができない。そこで本書の枠組みでは、感情から欲求が形成されることが必要となる。Ａさんが転んで倒れているおばあさんに共感しておばあさんを助けようとするとき、おばあさんに対するＡさんの共感がおばあさんを助けるというＡさんの欲求を生み出したと、本書では解釈する。おばあさんを助けるという欲求の生成は、共感のほかに、おばあさんが転んで倒れているという信念を必要とする。そしてこの信念は、このおばあさんをどのように助ければいいかという行為決定に関する示唆を与えてくれる。

道徳体系が規範体系の一種であるという本書での主張は、感情がすべての道徳的行為の源泉であるとするような強い道徳感情説とは相いれない。感情は確かに、潜在的志向性を顕在化する能力を持ち、新しい顕在的欲求を生成する能力も持っている。そして本書の立場によれば、信念や欲求がいったん顕在化されれば、行為決定のプロセスは行為主体の動的モデルを用いて描くことができる。

意志の弱さの問題

私たちは本書第一章第3節で、アリストテレスが論じた意志の弱さの問題を紹介した。ここでは、この問題を行為主体のモデルを基盤にして分析しよう。そこでは、四つのタイプの人物が区別された。節制の人、放埒な人、衝動的な人、そして、抑制のない人である〔本書第一章（13ｃ）～（13ｇ）〕。ちなみに、節制の人が有徳の人である。

ここで、喫煙者A氏について考えてみよう。この人に健康と喫煙の関係についての知識がなければ、「健康を維持する」という欲求と「タバコを吸う」という欲求は両立する。しかしこの人が、（5c）と（5d）という欲求の他に、次の（5a）と（5b）という二つの信念を持つ場合には、この人の潜在的欲求体系は矛盾することになる。

（5a）［信念1］タバコを吸うなら、健康を害する。
（5b）［信念2］〈健康を維持する〉ことと〈健康を害する〉こととは両立しない。
（5c）［欲求1］タバコを吸う。
（5d）［欲求2］健康を維持する。

ここでこのケースを例にして、BDO論理学を用いてアリストテレスの意志の弱さに関する分類を分析してみよう。

（6a）［節制の人］節制の人は、合理的に行為選択を行う人である。この人は、信念1と信念2と欲求2から「タバコを吸わないことを欲する」が帰結することを知っている。だから、この人の顕在的信念集合には信念1と信念2が含まれ、顕在的欲求集合には欲求2が含まれるが欲求1は含まれない。この結果、節制の人は禁煙を実行することになる。また、節制の人は潜在的欲求集合の中からも欲求1を排除しようとするだろう。この状態を、〈｛信念1、信念2｝、｛欲求2｝〉

とまとめておこう。

（6b）〔放埒な人〕放埒な人は、身体的快楽を優先する人である。この人は節制の人と同様に、信念1と信念2と欲求2から「タバコを吸わないことを欲する」が帰結することを知っている。しかし放埒な人は、欲求1を欲求2に対して優先し、欲求2を自分の顕在的欲求集合に含めない。だから、放埒な人はタバコを吸い続け、健康状態が悪化してもかまわないと考える。この状態は、〈{信念1、信念2}、{欲求1}〉と表せる。

（6c）〔衝動的な人〕衝動的な人は、思案しないために感情に突き動かされる人である。そのような人の顕在的信念集合には、推論において重要な役割をはたす信念1が含まれないだろう。そこで、欲望1と欲望2が顕在的欲求集合に取り込まれても矛盾は帰結しない。つまり、衝動的な人はタバコを吸うことも健康を維持することも同時に欲求することができる。ただしこのことが可能なのは、衝動的な人が無知なためであり、このような人は後に喫煙が原因で健康を害することになるかもしれない。この状態は、〈{信念2}、{欲求1、欲求2}〉と表せる。

（6d）〔意志が弱い人〕意志の弱さのために抑制のない人は、一度思案したのに感情に駆られて思案した結果にとどまることができない人である。このような人の潜在的信念集合には信念1と信念2が含まれ、潜在的欲求集合には欲求1と欲求2が含まれている。だから、この人の潜在的欲求体系は矛盾している。そして、この人の顕在的欲求体系には二つの選択肢がある。顕在的信念集合に信念1を含めないか、顕在的欲求集合に欲求2を含めないかである。私は、第一の選択肢をとるのがいいと考える。というのも、意志が弱い人の特徴は、厳しく現実を見つめず、現実に対して希望的で非現実的な幻想を抱いてしまうことにあると思うからである。この状態は、〈｛信念2｝、｛欲求1、欲求2｝〉と表せるが、これは衝動的な人と同じタイプの状態になる。この二人の人物の志向的状態の違いは、意志が弱い人の場合においては、信念1が一瞬顕在化されるがすぐに抑圧されてしまうところにある。だから意志が弱い人は、欲求1を破棄することが最善だということに気づいていながらこれを実現できない人ということになる。

アリストテレスは、意思決定に関して四つの分類をしたが、これらの類型に当てはまる人は現実にもいそうである。つまり、アリストテレスの分類はかなりよく現実を捉えていると言えるのではないだろうか。

4　選択と自己形成

規範は、自分以外の源泉を持っている場合が多い。そして、外部から押しつけられる規範を拒否するために行為することも自由意志の働きに含まれている。

エスと自我と超自我

ここでは、フロイトの自我論と関係させながら本書の行為主体モデルを再記述してみよう。エスから生まれるのは欲求集合である。乳児の場合を考えてみよう。乳児は泣くことによって養育者に自分に何が足りないかを訴える。言い換えると、乳児は泣くことによって自分の生理的欲求を表現している。より正確には、泣いている乳児を見て、養育者は乳児に特定の欲求を帰属させ、この解釈に従って乳児の欲求を充足させるために行為する。

次に、言語表現ができるようになった幼児のことを考えてみよう。このような幼児が友達と遊ぶときに、自分の欲求と相手の欲求が衝突してけんかになることがある。このとき、母親から「けんかをしてはいけません」と叱られることもあるだろう。こうして、「けんかをしない」ということがこれからの行動指針として幼児の義務集合に付け加えられることになるだろう。フロイトの用語を用いれば、こうして超自我が形成されていく。

フロイトの自我論を本書の用語で説明すると、次のように言えるだろう。自我は、ＢＤＯ体系を形成し、これに基づいて決断を下し、行為を実行に移す役割をはたしている。そして、自我の活動のこのバランスが崩れると精神的な病いにいたることがある。例として、うつ病について考えてみよう。うつ病発症の典型的なケースには、働きすぎがある。これは、職務上の義務が自分の処理能力を超え、睡眠時間を確保することも困難になり、体調不良になり生きる意欲を失うというようなケースである。つまり、義務に従う行為が増えて生存に不可欠な欲求充足にまで制約がかかることになるケースである。このようなとき、超自我の活動がエスを源とする欲求の充足を妨げている。こうした問題は、古代や近世ではほとんど論じられておらず、現代社会が生み出し、現代思想が照らし出した問題である。

次に、潜在的志向性と顕在的志向性の区別を用いて過労のケースについて考えてみよう。ある締め切りが定められた仕事に従事しているが、職場では仕事を完成させることができないため、資料を家まで持ち帰り、帰宅後も祝日の間も仕事をしている人がいるとしよう。この人は、自分の趣味や娯楽に時間をさく余裕もなく、睡眠さえ十分にとれないでいる。このような場合、この人の潜在的志向性体系が矛盾している。そして顕在的志向性の中では、職務上の義務が優先され、生理的欲求は抑圧され制限されているとしよう。この状態をフロイトの用語で表現すれば、「超自我の要請を優先させることによって生理的欲求が抑圧されている」ということになるだろう。このような状況では、エスと超自我がいわば戦闘状況にあり、こうした生活を長期間にわたって継続させることには無理がある。精神的病いに襲われることで、このような生活に終止符がうたれることもあるだろう。こう考えると、神経症やうつ病の多くのケースに、エスと超自我の対立があると思われる。このことを〈行為主体の動的モデル〉の用語で表現すれば、欲求体系と規範的信念との間に生ずる根本的矛盾が多くの精神的疾患の背景にあるということになる。

ここで例として、不登校のケースについて考えてみよう。ある小学生がいじめのために学校へ行きたくないと思っているとする。このとき本書では、恐れや悲しみの感情がそれと関連した欲求や信念を顕在化させると解釈する。

（7a）［信念1］学校に行けば、いじめられる。
（7b）［欲求1］いじめられない。
（7c）［義務1］学校へ行く。

（７ｄ）［志向的状態］この小学生の信念集合には信念１が含まれ、欲求集合には欲求１が含まれ、義務集合には義務１が含まれている。

信念１と欲求１と義務１を合わせると矛盾している。そこで、このジレンマから逃れるためには、どれかひとつを放棄しなければならない。義務１を放棄して学校へ行かないのが、不登校のケースである。また欲求１を放棄するのは、いじめられてもいいからがまんして学校へ行くケースである。そして信念１を放棄するためには、学校でいじめられないように現状を変えなければならない。また、信念集合には事実に関する信念だけが含まれているので、信念を変えるためには事実を変えなければならなくなる。しかし、事実の変更はときに長期にわたる多様な営みを必要とし、他の人々の援助が必要になる場合も多い(3)。

葛藤からの脱出

ここでは、心的葛藤のいくつかのケースを図式的に区別し、葛藤からの脱出を分析することにする。まず、いじめのケースにも現れた信念と欲求の間の葛藤をより一般化し、図式化して表すことにする。ここでは、信念と欲求が矛盾する葛藤状態と信念と欲求と規範的信念が矛盾する葛藤状態が図式的に描かれている(4)。

（８ａ）［信念１］ｐならばｑ

（8b）〔信念2〕p

（8c）〔欲求1〕qでない

（8d）〔義務1〕p

（8e）〔志向的状態1〕信念集合には信念1と信念2が含まれ、欲求集合には欲求1が含まれている（〈{信念1、信念2}、{欲求1}〉）。ここでは、実現不可能なことが欲求となっている。

（8f）〔志向的状態2〕信念集合には信念1が含まれ、欲求集合には欲求1が含まれ、義務集合には義務1が含まれている（〈{信念1}、{欲求1}、{義務1}〉）。ここでは、欲求と規範の間に衝突が見られる。

志向的状態1と志向的状態2はともに葛藤状態を表しており、何らかの形で矛盾が解消されねばならない。このような状態では、許容空間内部では欲求を充たすような行為タイプが存在していない。人は、志向的状態内の不都合な部分が顕在化しないようにして心的葛藤を避けることもできるが、これは問題の先送りになる場合が多い。

これらのジレンマに関して、根本的な解決法がある。それは、志向的状態1の場合にはpでないという事実を成立させることであり、志向的状態2の場合にはpを義務でなくすことである。pでないという事実を成立させるということは、社会的事実の場合には関連する社会組織を変革・修正することを意味する。そして、pを義務でないようにするということは、関連する社会組織の規範体系を変革・修正することを指している。例えば、反抗期における子どもの活動も、家庭内でそれまで承認されていた規範体系を修正して子どもがより自律的に行動できるような規範体系を構築する作業の一部とみなすことができるだろう。

心的葛藤から自らを解放した例として、フロイトとブロイアー（Josef Breuer, 1842-1925）による共著『ヒステリー研究』（1895）で「アンナ・O」と呼ばれているオーストリア生まれのユダヤ人女性ベルタ・パッペンハイム（Bertha Pappenheim, 1859-1936）について考えてみよう〔Borch-Jacobsen 2012〕。パッペンハイムは、一八八〇年一二月から一八八二年六月まで精神障害のためブロイアーの診察を受けている。パッペンハイムの症状は多岐にわたっており、身体の衰弱・知覚障害・四肢の運動麻痺・拒食症（摂食障害）・言語障害・視覚異常などの症状が現れていた。特に本章において重要なのは、解離性障害の症状である。パッペンハイムには「上品で高い教養と共感性がある正常な人格」と「下品で無教養な態度や卑猥な発言をする病的な人格」とが交互に出現していた〔Es Discovery 2004〕。このパッペンハイムの志向的状態は、志向的状態2として描くことができる。p のところに「自分は上品で高い教養と共感性がある女性である」という義務を導入し、q のところに「自分は下品で無教養な態度や卑猥な発言をする女性である」という欲求を導入し、「p ならば q でない」という信念を導入すれば、パッペンハイムの心的葛藤は表現できる。

ここで、パッペンハイムの人生を簡単にたどってみよう(5)。パッペンハイムは、ユダヤ人家庭に生まれ、ユダヤ人と結婚し幸福な生活をおくることを両親から期待されていた。そして、一六歳で学校を出て母を助けて家事を手伝うようになる。特に父が、将来ユダヤ人の良い妻になることを娘に強く望んでいたと思われる。その父が重い病になり、彼女は献身的に看護することになる。そして、二〇歳ころ彼女に精神的病いの症状が現れはじめ、ブロイアーの診察を受けるようになる。一八八一年に父は亡くなるが、彼女の病いはさらに悪化していく。その後、彼女は一八八五年からフランクフルトのユダヤ人のための孤児院で寮母としての奉仕活動をはじめる。そして、一八八八年から彼女は匿名で子ども向けの二冊の著作を出版し、それとともに病状が好転していく。また、一八八九年に女性解放運動の本を翻訳して出版し、女性解放運動に関する戯曲も書いている。こうして、彼女はユダヤ人の女性解放運動のリーダーとなり、一九〇〇年からは女性解放運動に関する著作を出版していく。このような活動を通して、彼女は精神的病いから完治する。そして、一九〇四年にユダヤ婦人連盟の創始者となって活躍する。

このパッペンハイムの生涯を本書の立場から解釈するなら、次のように言えるだろう――彼女は少女時代に従おうとした父親の権利を優先する規範的要請を克服し、それを女性の権利を男性と平等なものとする新しい規範的要請で置き換えようとした。そして、整合的な〈信念・欲求・義務〉体系を形成し、女性の権利を重視した社会的規範を社会に浸透させようとし、この目標に向かって行為を実践していくことに成功した。このとき、彼女の生は実存的に充足されたものとなったのである。パッペンハイムは、ブロイアーに診察を受けた女性が自分であることを口外しないように近親者たちに伝えていたため、アンナ・Oが女性解放運動で先駆的業績のあったパッペンハイムと同一人物であることが明らかにされたのは、彼女の死後一七年たった一九五三年になってのことだった。

生き方のスタイルの形成

まず、将棋のスタイルについて考察してみよう。将棋は二人ゲームであり、二人のプレイヤーがそれぞれ将棋の規範体系が定める許容空間の中で次の手を選択し続けて相手の玉を詰めることを試みる競技である。将棋はかなり複雑なゲームのため、さまざまな指し方のスタイルが提案され、今も研究が続いている。将棋には、二つの主要なスタイルがある。それは、居飛車と振り飛車という序盤における飛車の位置の違いによる分け方である。そして、どのように玉を囲って防御するかによって、矢倉系の囲い、左美濃系の囲い、美濃系の囲い、穴熊などが区別できる。これらはどれも、序盤における勝つための戦略であり、将棋のスタイルの一部となっている。プロ棋士は、自分が得意とするスタイルを持ち、そのスタイルについて深く研究することが多い。彼らは、このようにして許容空間を自ら狭め、最善手を探すために、指す可能性のある空間を限定するのである。

私たちが生活する場合にも、何らかの形で限定した許容空間の中で行為選択をして生活していると言っていいだろう。まず、どのような規範体系を受け入れるかが、自らの選択によって、あるいは、外部からのあらかじめの設定によって定められる。そのような許容空間の中で人は、自分独自の生活スタイルを作り上げる。これは、将棋の指し方のスタイルと似ている面がある。

キルケゴールが分析した三つの人生観（美的、倫理的、宗教的人生観）も、三つの生き方のスタイルを表現している〔本書第四章第1節〕。また、ソクラテスのような徳と真理の探究者としての生き方、仏教徒の生き方、ゴッホのような芸術家の生き方、マイク・タイソンのようなボクサーの生き方、織田信長のような武将の生き方、これらはすべて生き方のスタイルを表現している。そして、ひきこもりも生き方のスタイルのひとつであり、生き延びるための戦略のひとつである。生き方のスタイルは多様であり、〈共によく生きる〉ことと両立する範囲で、寛容な規範体系が共同体内部で承認されることが必要になる。

雇用形態も、労働者の生き方のスタイルに影響を与える。日本では従来、終身雇用制がとられてきた。終身雇用制は、年功序列、退職金制度、定期昇給制度などに基づく雇用制度である。このような雇用制度は労働者の生き方に影響を与えてきた。いったんある会社に就職すれば、退職し年金生活に入るまでずっとその会社の規範体系のもとで自分が生き続けるという人生プランが労働者に成立することになる。このことは、終身雇用制のもとでは、いったん受け入れた規範体系にとどまり、それが定める許容空間の中で行為選択を続けることを意味する。このような生き方のスタイルは、リスクを回避し、選択を外部にゆだねるようなスタイルのひとつである。これに対し、欧米で重んじられてきた生き方のスタイルは、自分の生き方にあうような職種を選び、就職する企業を自ら選んでいくという方式にあると言えるだろう。だから、欧米の労働者は転職も積極的に行うという傾向にあるし、同一労働同一賃金や、労働の成果に対する報酬として給与が与えられるという原則が社会の中で徹底されていると考えられる。(6)

実存と選択

行為選択には、思っていたような結果が得られないという失敗の可能性がつきまとう。そのため、行為選択は賭けの要素を含んでいる。実存的選択は、特定のゲームの中での一手の選択ではなく、複数のゲームの中から自分が参加するゲームを決めるような根本的なものでなくてはならない。例えば、高校生が進学か就職かを決断するような人生を左右する選択である。それは、大学の中で学生がするゲームと会社の中で会社員が行うようなゲームという二つのゲームの間の選択である。結婚、出産、引っ越し、留学、子どもの誕生、離婚なども、ゲームの変更につながる決定的な選択である。そして、仕事を退職して海外で生活することも大きな人生の選択である。

実存的充足は、身体的欲求の充足とは異なり、生きる意味を与えるようなものでなくてはならない。また実存的充足には、個別性がともなう。言い換えると、何を実存的充足と考えるかは人によって異なっている。だから、それぞれの人が自らの選択によってどのように生きるかを決めなければならない。誰も他人の人生を生きることはできないので、実存的選択は当人によってなさなければならない。このため、実存的選択の担い手としての自己は、新たな道を切り開こうと試みる者でなければならない。

権力行使はしばしば、他の人の実存的選択を妨げる。父親の子どもに対する過度の要請は、子どもの実存的選択を不可能にする。軍隊における命令も、多くの場合、兵士の実存的選択を無視して絶対的な服従を要求する。実存的選択にいたるためには、型にはまった生き方を強いるような外部からの圧力に抗して自らの選択を実践しなければならない。

生きる中で根本的な選択を繰り返してきた人間として、ヴィトゲンシュタインがいる。彼は人生の中で何度も方向転換を繰り返してきた。彼は九人兄弟姉妹の末っ子の五男としてウィーンの富裕な家庭に生まれ、彼の兄のうち三人は自殺か行方不明となっており、四男の兄であるパウルがピアニストとなった。ヴィトゲンシュタインを悩ませていたのは、生き続けることの問題だったと思われる。まず、彼はベルリンの工科大学とマンチェスター工科大学で機械工学を学んだが、フレーゲの著作に出会い、論理学と数学基礎論に興味を抱き、ラッセル（Bertrand A. W. Russell, 1872–1970）のもとで哲学を勉強することを決意し、一九一二年にケンブリッジ大学に入学している。この後の紆余曲折の人生を年表風に記してみよう。一九一四年に第一次世界大戦が勃発しオーストリア・ハンガリー帝国軍の志願兵となる。一九一八年にイタリア軍の捕虜となる。そして、一九一九年に釈放される。一九二〇年にオーストリアの小学校教師資格証明書を取得する。その後、一九二二年に英語対訳版『論理哲学論考』が出版される。そして、オーストリアの小学校や中学校の教員となるが、結局、生徒に対する暴力をとがめられて退職することになる。その後、『論理哲学論考』が与えた影響もあり、一九二九年からケンブリッジ大学で哲学を教えることとなり、中期ヴィトゲンシュタインの哲学が築かれていく。

ヴィトゲンシュタインは、外部からの強制を拒否して自らの決断を貫いた人である。彼は、哲学に取り組んだときから、自分が納得できるような仕方で世界を記述することを求めていた。彼は、いかなる既成の権威も認めず、自ら考察しそれを吟味するという作業を続けた。この吟味において彼は妥協を自らに許さなかったので、この作業は終わることがなく、さらなる吟味を待つ草稿がためられていき、彼の死後、大量の草稿が残されることになった。こうして、彼の哲学に対する厳しい姿勢が残した思考の軌跡は、多くの哲学者たちに衝撃を与えることになった。ヴィトゲンシュタインは、既存の社会通念を無視して、根本的な原理を激しく求めたため、彼の人生は極端な選択の繰り返しとなった。しかし、徹底的に問題を追及する彼の姿勢は強い文化的影響を後世に与えた。その意味で、彼の人生は意味ある人生だったと言っていいだろう。

第九章　社会的事実と社会組織

私たちは本書第七章第3節で、野球のようなチームゲームを扱った。社会組織は野球チームのようなものであり、社会的事実は野球のプレイの成立のようなものであると私は考える。本章では、このような私の見方を詳しく説明しよう。

1　規範体系と社会的事実

社会的事実は、ある集団の中で承認されている規範体系を前提にしてはじめて成立するような事実である。だから、その成立条件は物理的事実とは著しく異なっている。

事実の三分類と社会的事実

私は、事実を三つの種類に分類することを提案してきた〔中山 2008, 2009, 2011〕。この三種の事実というのは、物理的事実、内省的事実、社会的事実である。『規範とゲーム』では、社会的事実はだいたい次のように規定されていた〔中山 2011: p. 133〕——社会的基礎事実は共有信念によって生み出される事実であり、社会的事実は何らかの社会的基礎事実を前提にしてはじめて成立する。これは、「太郎は大学生である」というような個別的な文が社会的事実に属することを適切に説明するために考え出された見解である。しかし、本書では規範体系を前提に成り立つ事実として社会的事実を捉えたい。この考察を踏まえて、三種の事実の特徴づけをまとめると次のようになる。

（1a）〔物理的事実〕物理的事実は、宇宙の物理的性質に基づいて成立する。例えば、「二〇一一年三月に東日本大震災があった」という文は物理的事実を表現している。

（1b）〔内省的事実〕内省的事実は、内省の担い手の志向的状態に基づいて成立する。例えば、「私はいま頭が痛い」という文は内省的事実を表現している。

（1c）〔社会的事実〕社会的事実は、集団的に承認されている何らかの規範体系に基づいて成立する。例えば、「安倍晋三は二〇二〇年八月の時点では日本の総理大臣である」という文は社会的事実を表現している。それは、安倍晋三が日本国憲法の定める規定に従って総理大臣として選出され指名された人物だからである。

これら三つの事実が互いに異なった種類に属することは、この特徴づけから明らかである。(1)

社会的事実についてさらに考察するために、「太郎は大学生である」という文について再び考えてみよう。私は『規範とゲーム』で、集団Ｇにとっての社会的基礎事実を、その成立がＧの共有信念に依存するような事実として定義していた〔中山 2011: p. 133〕。例えば、太郎がＴ大学の学生であるとしてみよう。すると、Ｔ大学に所属する人の多くは太郎のことを知らないので、「太郎は大学生である」という文は社会的基礎事実を表現していない。一方、「Ｔ大学が存在する」というような文はＴ大学に所属しているような人は誰でも知っているので、この大学の関係者にとっての社会的基礎事実だと言える。ところで、集団Ｇにとっての社会的事実は何らかのＧにとっての社会的基礎事実を前提に成立するような事実として規定されている。だから、「太郎は大学生である」という文がＴ大学の存在という社会的基礎事実に依存して成立しているので、社会的事実だと言えることになる。(2)

しかし私は本書では以前の見解を改めて、共有された規範体系に依存して成立するものとして社会的事実を規定している〔(１ｃ)〕。ところで、大学生はひとつの身分であり、特定の大学における役割である。そして、大学の校則という規範体系の中に、大学生がはたすべき義務が書かれている。だとするなら、太郎が大学生であるとは、ある大学が存在し、その大学の校則での所属学生に関する規定が太郎に当てはまるということであり、その大学の管理システムが学生としての役割をはたすように太郎に要求する権利を持つということである。(3)

野球においても、ダブルプレイという事実が成立するためには野球の規範体系が承認されていないといけないし、審判の判定という宣言が必要になる。だから（１ｃ）に従えば、ダブルプレイの成立も社会的事実のひとつである。そして、野球の個別のプレイの成立は社会的事実成立一般の縮図として見ることができる。また社会的事実は、それが成立するために共同体の中での規範体系の承認を必要とするので、社会構成的事実である。

権利と権限と役割

権利と権限と役割分担の概念は、社会現象を考えるうえで核となる概念である。そこでここでは、これら三つの概念を中心に考察しよう。私は本書で、特定の規範体系を前提にして権利と権限と役割分担の概念を次のように定めることを提案する。

（2a）［権利］ある規範体系において行為主体AがXをする権利を持っているということは、「AがXをすることが許されている」ことと「AがXをすることを妨害することがA以外の誰にも禁止されている」ことがその規範体系から帰結するということである。

（2b）［役割と義務］ある規範体系において行為XがRという役割を特徴づける義務であるとは、「Rの役割を持つ者はXをする義務がある」ことと「Rの役割を持たない者にはXしないことが許されている」ことがその規範体系から帰結するということである。

（2c）［役割と権限］ある規範体系においてRの役割を持つ者がXをする権限を持っているということは、「Rの役割を持つ者がXをすることが許されている」ことと「Rの役割を持たない者にはXをすることが禁止されている」ことがその規範体系から帰結するということである。(4)

集団には普通、明示的にあるいは暗黙に承認されている規範体系がある。日本の場合には、日本の現行の法律が日本で明示的に承認されている規範体系にあたる。

日本では、基本的人権は日本国憲法という規範体系において定められている。基本的人権には、思想および良心の自由（憲法第一九条）、表現の自由（憲法第二一条）、信仰の自由（憲法第二三条）、健康で文化的な生活を営む権利（憲法第二五条）、教育を受ける権利（憲法第二六条）、勤労の権利（憲法第二七条）などがある。例えば、思想および良心の自由については、「思想及び良心の自由は、これを侵してはならない」と憲法第一九条に記されている。この文から、思想および良心の自由が許されていることが読みとれるとともに、思想の自由の妨害が禁止されていることが帰結する。同様に、「集会、結社及び言論、出版その他一切の表現の自由は、これを保障する」（憲法第二一条第一項）からも、表現の自由が許されていることが読みとれるとともに、表現の自由の妨害が禁止されていることが帰結する。

権利のうち経済活動をするときに重要になるのが、所有権である。(5) 民法第二〇六条には、「所有者は、法令の制限内において、自由にその所有物の使用、収益及び処分をする権利を有する」とある。つまり、ある物の所有者だけにその所有物を使用したり、売ったり、処分したりすることが許されており、このような所有者の行為を他の人が妨げてはならない。ちなみに、個人に所有権があるからこそ所有物の売買という経済的行為が可能となり、窃盗や詐欺という犯罪行為も可能となる。このことから、「ある人がある物を所有する」というタイプの社会的事実は社会的事実の中でもかなり基礎的なところに位置していることがわかる。

ある人が日本の総理大臣であるということは、その人が総理大臣としての権限を行使できるということである。例えば総理大臣は、国務大臣を任免し、国会に議案を提出し、行政各部を指揮監督するなどの権限を持っている。このように、社会組織の中で権力者を特徴づけるのは、その権力者に特定の役割が認められており、特別な権限の行使がその役割にある人だけに認められているということである。

規範体系と管理システムと社会的事実

すでに（1c）で述べたように私の考えでは、社会的事実は集団的に承認されている何らかの規範体系に基づいて成立する事実である。また、規範体系が正常に機能するためには多くの場合、管理システムが必要になってくる。これは、野球の公式ゲームにおいて審判団という管理システムが必要なのと同じ理由による。ここではいくつかの身近な例を用いて、この社会的事実に関する事象を説明することにしよう。

婚姻は、社会的事実である。結婚したカップルは、独身であったときと異なる課税クラスに属し、異なる義務を負う。例えば、結婚した男女から子どもが生まれた場合、夫婦はこの子どもの養育義務を負う。このように、ひとつの社会的事実は多くの場合その社会的事実を基盤にした義務や権利と結びついている。そして、独身者と妻帯者（もしくは、既婚女性）では、国家の中ではたす役割に違いが出てくる。また日本では、婚姻が成立するためには戸籍法に基づく届けが必要となる。こうして、婚姻という社会的事実が日本の管理システムの中で社会秩序を維持するための役割を持つことになる。つまり社会的事実は、それと結びついた義務や権利や権限の有効性のおかげでリアリティを保つのである。

社会的事実は、人々に役割や義務を与えることによって人々の活動に影響を与える。これが、社会的事実が持つリアリティである。例えば、ある中古住宅を太郎が購入し、その所有権を得るなら、固定資産税の支払いの義務が太郎に生じる。このように、管理システムが市民の社会的状態を記録し、それに合わせて義務を分配していく。つまり、社会的事実の成立は管理システムの活動に支えられているのである。

2　集団的行為と規範体系

私たちが日常で実践する行為の多くは、集団的行為（collective action）の部分となっている。多くの集団的行為では、役割分担が行われる。そしてこの役割分担は、規範体系によって表現できる。受け入れられた規範体系の中で、ある役割を持つ者にはその役割と結びついた義務が課せられる。また、その義務を共同体の構成員たちがはたしていくことによって集団的行為は実行される。

集団的行為と動的〈信念・欲求・義務〉論理学

行為には、個人的なものだけでなく、集団的なものもある。そして集団的行為においては、個人の行為が特定の集団的行為の部分として解釈される。例えば、戦争状態において敵兵を殺すことは、個人的殺人としてではなく、兵士として命令に従った戦闘行為とみなされる。

私は、『言語哲学から形而上学へ』第七章第1節で集団的行為について論じた。そこでは、集団的行為について次のように規定されていた〔中山 2019: p. 195f〕。

（3ａ）［グループへの帰属性に関する信念］グループＧの部分であるすべての個人的行為主体は、自分がＧの部分であると信じている。

（3ｂ）［欲求の共有］グループＧの部分であるすべての個人的行為主体は、集団的行為Ｅを遂行するという欲求を共有している。

（3ｃ）［義務の分配］グループＧの部分であるすべての個人的行為主体は、集団的行為Ｅの部分になるような行為を自分たちがそれぞれ遂行する義務があると信じている。つまり、Ｇの部分であるすべての個人的行為主体はそれぞれ次の義務が自分にあると信じている――集団的行為Ｅの（四次元的）部分になるような自分に割り当てられた行為プロセスを実行する。

ところで、このような記述はすべて動的ＢＤＯ論理学の用語を基盤にして書かれている。つまりここでは、人間が事実に関する信念と欲求と規範に関する信念の持ち主であるとともに、それらの志向的態度を他者と共有できることが前提されている。

例として、ボート競技のエイトを考えてみよう。エイトの競技は複数のチームで争われるが、ひとつのチームは八人の漕ぎ手と一人の舵手とひとつのボートから構成されている。九人の競技者は誰も自分がチームに属しているという自覚を持っている（（3a））。そして、この九人は、レースに参加してなるべく速くゴールを通過するという欲求を共有している（（3b））。また、ボートを効率よく漕ぐために舵手の合図に合わせて漕ぎ手たちが漕ぐ動作を繰り返している。そして、舵手と漕ぎ手は自分の課題が何であるかを理解し、各自が最高のパフォーマンスを発揮するように努めるのである（（3c））。

大学の演習なども集団的行為のひとつである。演習参加者は教員と参加学生たちから成り、彼らの間に役割の分担と課題の分担が決められる。そして、演習参加者それぞれが自分の課題を解くための行為を実行していくことで、演習の目的は達成される。

実際、集団的行為はいたるところにあふれている。次にあげる文はすべて、集団的行為を記述している。「ショートとセカンドとファーストが協力してダブルプレイに成功した」、「日本時間一九四一年一二月八日未明、アメリカ合衆国のハワイ準州オアフ島真珠湾にあったアメリカ海軍の太平洋艦隊と基地を日本海軍が攻撃した」、「二〇〇四年二月二七日、一連の事件を首謀したと認定して東京地方裁判所は麻原彰晃（本名：松本智津夫）に対して求刑通り死刑判決を言い渡した」、「二〇〇七年一一月二一日、山中伸弥をリーダーとする研究チームは、ヒト人工多能性幹（iPS）を生成する技術を開発し、論文として科学誌セルに発表した」、「二〇二〇年三月一二日、衆議院は〈新型インフルエンザ等対策特別措置法の一部を改正する法律案〉を本会議で可決した」。このように、集団的行為はあらゆる領域で実行されて、人間の生活を支えている。

3　社会組織の成立

社会組織はどのような存在者なのか。ここでは、このような問いについて考察したい。

社会組織と管理システム

社会組織が成り立つためには、そのような組織が存在すると信じる人たちがいなければならない。また、自分がその組織に属すると信じる人たちもいなければならない。そして、社会組織は役割の分担によって構造化されている。社会組織の典型例としては、学校、会社、国家などがある。

私は、『規範とゲーム』第七章第1節および『言語哲学から形而上学へ』第八章第4節で社会組織を規定している。ここでは、その規定に管理システムの観点を盛り込んで、少し修正して表現しよう。

（4a）〔プロセスとしての社会組織〕社会組織は、プロセスである。つまり、社会組織は時空的拡がりを持つ具体的存在者である。

（4b）〔社会組織を構成するものとしての人間集団と人工物〕社会組織は、一般に複数の人間と人工物から成る〈拡張された行為主体〉である。[6] ただし、人工物を含まない社会組織もありうる。

（4c）〔構成員の自覚〕社会組織Ｇの部分となる原子的行為主体は、自分がＧの構成員であることを自覚している。

（4d）［社会組織の存在に対する共有信念］ 社会組織Gの部分となる行為主体間で、Gが存在するという信念が共有されている。
（4e）［管理システム］ 管理システムは、社会組織を構成する行為主体の活動が適切に実施されるよう規範体系を定めて社会組織全体をコントロールする社会組織の部分である。管理システムも複数の〈拡張された行為主体〉から構成されている。管理システムは、社会組織が存続するように行為主体間の役割分担を行う。この役割分担が社会組織を構造化する。そして、社会組織の存続可能性が高まるように、管理システムは社会組織の構造転換を繰り返していく。

規範体系の現実性は、それを自らの規範として取り込み、それに従って自由意志の適用範囲を制限し行為を決定していく人たちがいることで成り立っている。このことは、社会組織に関しても同様である。つまり社会組織の現実性は、その社会組織に属する人たちが、その社会組織が存在すると信じ、自分に課せられた規範を守って行為することで成立する。だから、社会組織の存在は社会的事実に属する。

会社には、生産的業務を行う主たるプレイヤーたちと彼らを支える管理システムがある。社長は、この管理システムの頂点に立ち、多くの会社は階層構造を成している。そして、会社の管理システム内部でも役割分担がなされている。例えば会計係は、社員の給料の支払いに関する調整・管理を行っている。また会社には、利益をあげた場合に国家に対して法人税を納める義務がある。これは、会社という法人に課せられる義務である。このように、会社も国家というより大きな社会組織に属する社会組織であり、自らに課せられた義務があることを示している。

社会組織の一員となること

学校や会社などの社会組織への参入は、契約締結をともなう場合が多い。契約が結ばれれば、契約者たちの間に相互的義務が発生する。学校に入れば、学生という役割を持つ者として位置づけられ、その役割とつながる規範を受け入れることを要請される。また普通、保護者は授業料を支払うという義務に従わねばならない。新入生は、自分の義務集合の中に学校における学生としての規範を取り込み、受け入れることになる。このことによって、この新入生の行為選択に関する許容空間は狭められる。そして学校側には、学生たちに対して十分な教育機会を提供し、有意義な学生生活を可能にするための支援をするという義務が発生する。

就職の場合には、会社と労働契約を結ぶことによって、自分が提供する労働への対価として報酬を得られることになる。そして、会社員は会社側から割り当てられる役割を引き受けなければならない。また、それぞれの役割はそれに対応する義務と結びついている〔本章（2b）〕。義務をはたせなければ、契約解除の可能性も出てくる。だから、この会社にとどまる限り、会社員は課せられた義務をはたし続けなければならない。ここでも会社員は、会社が自分に割り当てた許容空間の中で行為を選択し実行していく。そして会社側には、十分な賃金を会社員に支払う義務や労働環境を整備するという義務が発生する。

生誕とともに発生する国家への参入は、法律に基づいて定められている。大学や会社への参入と異なり、これは強制的なものであり、新生児に選択の余地はない。子どもは保護されており、国家が子どもに対して課す義務は少ない。逆に国家は、子どもを養育する義務を両親に課す。

　このように見ていくと、私たちの人生が社会組織の中での規範体系に従いつつ許容された範囲で行為選択をすることと結びついていることがわかる。ただ多くの場合、どの社会組織に属するかを自ら決断するという自己決定の自由も私たちには認められている。この自由は、実存的選択を可能にするものである〔本書第八章第4節〕。

4　国家の構造

　国家は、身体のように完結した存在者である。肺や心臓などの臓器は、ある程度の独立性を保ちながらもあくまで身体の部分として機能している。同様に国家には、官僚組織や国会などの部分として機能する機関がある。そして官僚組織や立法機関は、国家の管理システムの一部であり、国民による多様な生の活動を支えている。

国家という社会組織

　国家は、社会組織の中でも特別なものである。現代では、誰もがどこかの国家に属している。そして、国家は国民に義務を課し、それによって国民は行動の自由を制約される。ただし、国家は国民に対し一定の権利を与え、国民を保護する義務を負っている。また多くの現代国家では、国民に主権があり、政府は国民に代わって政治をしているにすぎない。

国家は、複数の管理システムを持っている。このような管理システムの主たる目的は、国民が活発な生産活動を行い幸福な生活をおくることを支援することにある。しかし、国民にも義務は課せられる。例えば、十分な所得のある国民には納税の義務がある。そして、産業活動に直接に参加しない管理システムの構成員たちは、この税金を用いて活動を続けることができる。国家の業務として、財務管理、所有の管理、防衛の管理、教育の管理、犯罪への対処などがある。これらは、国家を安全に保ち、国民の幸福な生活を支援するための業務である。

国家の管理システムの中で重要な役割をはたしているものに、警察組織と軍隊組織がある。これらの国家的組織には法律という規範体系に従った暴力行使が許されている。犯罪防止や国家防衛のために、これらの合法的暴力行使は不可欠なものと考えられている。国家が持つ国民に対する強制力のリアリティは、これらの合法的暴力行使に支えられている面がある。一方で、これらの組織によるクーデターなどの非合法的暴力行使の危険性が国家にはともなっている。

野球チームの中でピッチャーがひとつの役割であるように、総理大臣も国家の中でのひとつの役割である。ピッチャーの役割がどのようなものであるかは野球のルールブックに記され、総理大臣の役割がどのようなものであるかは憲法などの法律に記されている。そして、役割には義務が結びつけられており、権限のある人物の宣言によって誰がその役割を担うかが定められる。

世界には複数の国家が存在し、国家間で経済、外交、戦争などの関係がある。また、国家間では資源に関する所有権の問題がよく争われる。社会契約説を唱える論者は、超国家的問題については多くを論じていない。国際連合などの国際的な社会組織はあるが、それらはあくまで国家間の合意のもとで成り立つ組織であり、世界市民を実質的な構成員とするような組織（つまり、世界国家）ではない。

国家と統一的法体系

国家に統一性を与えるひとつの要素に、法体系の統一性・整合性がある。国家内部での法体系は統一的で整合的なものでなくてはならない。私は、論文「法適用の哲学的分析」（2018）で法解釈の問題をこの法体系の整合性という観点から指摘した[7]。ここでは、そこでの議論を要約して説明したい。法律の多くは、国家や自治体などの管理システムに関わっている。また法律には、司法機関に対して法実践の許容空間を指定し、裁判進行の規則を定めているものがある。

法的推論は、法的三段論法によって説明されることが多い。法的三段論法の構造は、法規則を大前提とし、法規則の要件に事実をあてはめることによって結論を導くというものである〔中山 2011: p. 178〕。しかし、司法の実践について考察すると、法的推論はもっと複雑なことがわかる。そしてこの複雑性は、法体系の統一性と法適用の一貫性の要請からきている。私は中山（2018）で解釈主義（Interpretivism）の立場をとり、この法体系の問題を分析した。

ここで、法哲学の論争を振り返ってみよう。ハーバート・ハート（Herbert L. A. Hart, 1907–1992）は、『法の概念』を著わし、法の問題を、規則概念を基盤にして分析哲学的手法で議論した〔Hart 1961〕。このハートの法哲学のアプローチに対し、ロナルド・ドゥオーキン（Ronald Dworkin, 1931–2013）は『法の帝国』や『裁判の正義』などで批判を加えた〔Dworkin 1986, 2006〕。ドゥオーキンは、解釈主義のアプローチをとっており、法的判断において重要な働きをする法的基準は、法規則ではなく、法原理だとしている。そして、私が中山（2018）で提案した解釈主義は、ドゥオーキンの考えを支持し、それを明確化するために次の「法適用の基本原則」を提案するものである〔p. 169f〕。

（5ａ）［整合性の原則］法体系は、全体として整合的である。あるいは、全体として整合的になるように各条文を解釈すべきである。このため、法解釈は全体論的（holistic）性格を持つことになる。

（5ｂ）［法的用語の解釈］条文には、多くの場合、法的用語が含まれている。また、法的用語の外延規定には、しばしば、解釈の余地が残されている。法廷では、この具体的外延規定が提案され、その適切性がひとつの争点となる。

（5ｃ）［法的用語の解釈に関する寛容の原理］法的用語の解釈は、（5ａ）の〈整合性の原則〉が保持できるように実行されねばならない。そのため、法的用語の外延規定に対する制約が課せられることになる。例えば、過失致死（刑法二一〇条）と殺人（刑法一九九条）は互いに排他的な条文として解釈されねばならない。つまり、ある事件が刑法二一〇条の意味での過失致死として判断されたなら、その事件は刑法一九九条の意味での殺人ではない。

（5ｄ）［相対的優位性の考慮］法解釈の実践では、条文の間に相対的優位性が存在する（例えば、憲法の条文は他の法文に対して優先される）。（5ａ）に記した整合的解釈は、この条文間の相対的優位性を考慮しなければならない。

日本の法律の成立時期はさまざまであり、戦前に制定された法律の条文も多くある。そのため、各法律の条文と日本国憲法とが整合的かどうかが最高裁判所で問題にされることがある。そして戦後、法律の条文に対するいくつかの違法判決が最高裁で出され、国会で審議されて結果的に法律から削除された。

戦前に制定された条文のひとつに、刑法二〇〇条の尊属殺規定がある。尊属殺規定は、肉親などの尊属者に対する殺人については他の殺人よりも重い刑が課せられるという内容を持っている。そして一九七〇年に、尊属殺規定に対する違憲判決が最高裁判所で下される〔山口 2008: p. 96〕。この尊属殺規定違憲判決の例は、憲法と整合的でない法文は有効性を持たないことを示す例である。このことは逆に、法体系全体が整合的であることが要求されていることを示しており、違憲判決が異常事態であることを示している。特定の条文の違憲判決は、その条文の適用禁止を意味しており、その条文が適用から除外されることをすべての司法関係者に対して要求する。この最高裁判所の尊属殺規定違憲判決は、刑法二〇〇条が社会的身分などに基づく差別的対応を禁じた憲法一四条一項に矛盾することを明確に表現している〔中山 2018: p. 176f〕。

また、生活変化や価値観の変化にあわせて新しい法律が制定されることもある。そのひとつの例として、「DV防止法」などとも呼ばれる「配偶者からの暴力の防止及び被害者の保護等に関する法律（配偶者暴力防止法）」がある。これは、配偶者からの暴力に係る通報、相談、保護、自立支援等の体制を整備し、配偶者からの暴力の防止及び被害者の保護を図ることを目的とする法律であり、二〇〇一年に制定された。この法律によって相談者に対する警察の対応が劇的に変わったと言われている。この法律制定は、警察という管理システムに関する規範体系の追加と見ることができよう。

このように、国家における法律制定や法整備や司法での法実践は、国民が〈共によく生きる〉ための整合的な規範体系を維持していく試みと考えることができる。

社会契約説への批判

本書第二章で見たように、ホッブズやロックやルソーは社会契約によって国家が成立するという説を唱えた。そして、この説はこれまである程度受け入れられてきた。しかし、この説にはいくつかの問題がある。ひとつは、社会契約という行為が理論的虚構であり、実際に行われたわけではないということである。実際には、新生児は契約によってではなく強制的に国家の一員として組み込まれる。ここに、貧困国家や戦闘国家に選択の余地なく生まれてしまうことの不条理がある。また、社会契約説では多くの概念が規定なしに用いられており、本書はまさにそれらの概念の解明を目指している。

ホッブズによれば、契約は権利を相互に譲渡することである〔本書第二章（5a）〕。ここでの権利は、あらゆるものを自由に扱う権利を意味している。つまり、自己防衛に必要な限りで相互に自らの自由を制限することが必要であり、それを契約によって実現するというのがホッブズの考えである〔本書第二章（4b）〕。しかし、この説を完全にするためには契約概念を明確に規定する必要があるが、ホッブズはこの概念の理解を前提にして議論を展開し、契約概念を規定していない。

それでは、契約とは何なのか。私の見解では、契約は約束の一種であり、約束を規定するためには

〈義務の引き受け〉という規範に関する概念を必要とする。つまり、契約という概念を十分に規定するためには規範概念の解明がまず必要になるはずである。ホッブズが言う契約も、一般的契約の特別な場合であり、社会契約は対等の立場にある者たちが自分の行為に制限を与えて自らの自由と安全性を相互に最大限に保障するという約束である。そしてこのような約束によって成立するのは、相互の義務であり、この義務に従って行動することが国家の安定につながることになる。つまり社会契約説においても実は、規範とそれに従った行動が重要な役割をはたしているのである。

また、契約が成立するためには、相互の義務が契約締結者の集団的規範的信念に含まれていなければならない。例えば賃貸契約では、借主には賃貸住宅で暮らす権利と家賃を支払う義務があるが、貸主には住居を適切に管理する義務が生じる。そしてこれらの義務は、相互に承認され、集団的規範的信念になっていなければならない。つまり、契約者たちには集団的志向性の担い手としての能力が要請される。また、社会契約論者の人間モデルは徹底して個人主義的なものであり、この集団的志向性に関する考察が抜け落ちている。

さらに社会契約説には、管理システムの考えが含まれていない。しかし、国家が成立するためには生産にたずさわる国民だけでなく、それを支える行政機関や警察や司法機関などの管理システムが必要になる。そしてこれらの管理システムも、それぞれに対する規範体系に基づいてコントロールされているのである。

5　サールの社会存在論との比較

サールは、社会存在論の領域で先駆的な仕事をしてきた。私の議論もサールの仕事の影響を受けている部分もあるが、サールとは異なる見解も本書には含まれている。本書のアプローチとの相違を明らかにするためにも、サールのアプローチがどのようなものなのかを確かめておく必要がある。

サールの社会存在論

ここでは、サールの社会存在論がどのようなものかを『社会的世界の制作』（2010）をもとにして説明しておこう。そこでサールは、次の六つの概念を基礎概念として用いている。

（6a）［地位機能］地位機能（status function）は、集団的に承認されることによって物や人に帰属させられる機能であり、物理的構造によるだけでは遂行しえない機能である。地位機能の典型例としては、私有物、アメリカ大統領、二十ドル紙幣、大学教授などがある。〔サール 2018: p. 7f〕

（6b）［集団的志向性］集団的受容（collective acceptance）や集団的承認（collective recognition）は、集団的志向性（collective intentionality）の一種である。そして地位機能が作用するためには、物や人が地位を有することについての集団的受容や集団的承認が必要になる。〔サール 2018: p. 8〕

（６c）〔義務論的権力〕地位機能には、義務論的権力が必ず備わっている。権利、責務、義務、要求、許可、認可、権原などが義務論的権力である。〔サール 2018: p. 10〕
（６d）〔欲求独立的な行為理由〕承認された義務論的権力は、傾向性や欲求から独立した行為理由を私たちに与える。〔サール 2018: p. 10〕
（６e）〔構成的規則〕構成的規則は、行動の可能性それ自体を創出する規則である。構成的規則の基本形は「Xは文脈CにおいてYとみなされる」である。構成的規則の例には、「この紙片はアメリカにおいて二〇ドル紙幣とみなされている」などがある。〔サール 2018: p. 11f〕
（６f）〔制度的事実〕制度とは、構成的規則の体系である。そして制度的事実は、何らかの制度を前提にしてはじめて存在するような事実である。例えば、「バラク・オバマが二〇一〇年にアメリカ大統領である」という文はひとつの制度的事実を表現している。〔サール 2018: p. 12f〕

そして、サールが根本的と考える中心的主張は次のものである。

（７）〔宣言による地位機能の創出〕あらゆる制度的事実は、したがってあらゆる地位機能は、宣言タイプの言語行為によって創出される。〔サール 2018: p. 13〕

これらのサールの主張は、私にとっておおむね受け入れうるものである。しかし、私の見解とは微妙に異なる点もある。サールの描写で欠けていると私に思われる点を、ここで指摘しておこう。

サールは義務論的権力が行為理由になりうると述べているが〔（6d）〕、このことについては明確化が必要である。義務や禁止が規範体系から帰結し、私たちがこの要請に従うとき、私たちは確かに規範体系を自分が受け入れていることを理由に行為している。しかし、許容に従って行為するときには規範体系の役割は異なっている。このとき私たちは、自分が受け入れた規範体系が規定する許容空間の中で自由意志に従って行為選択をしている。この行為選択は、それまでに築かれた傾向性に従ってなされる場合もあれば、熟考の末になされる場合もある。また場合によっては、自分がそれまで受け入れてきた規範体系を批判的に乗り越えるために行為選択がなされることもあるだろう。社会的に行為する場合にも、その行為は自分が生きることと密接に関わっている。本書第Ⅱ部で提案された枠組みは、この社会性と実存性という行為主体内部の二つの要素間の関わりを分析できるようなものである。

通貨の存在と管理システム

サールが言う制度的事実は、本書における社会的事実の一部である。サールの社会存在論において注目されていないものに、管理システムがある。サールが（6f）で言う「何らかの制度」というものが本書での管理システムに相当するものかもしれない。制度は構成的規則の体系だとサールは述べているが〔（6f）〕、それはまさしく規範体系として明確化できるものではないだろうか。

多くの社会的事実は、管理システムに支えられて成立している。言い換えると、人々の社会的活動はそれを統制する管理システムによって秩序を保ちつつ存続できる。また管理システムは、社会組織の部分システムである。だから、社会的事実と社会組織は相互に深く関わりながら成立している。

例として、銀行券と仮想通貨について考えてみよう。まず、サールの記述から見てみよう。サールによれば、「この紙片はアメリカにおいて二〇ドル紙幣とみなされている」は構成的規則であり、「この紙片は二〇ドル紙幣である」はひとつの制度的事実を表現している。このようなサールの主張そのものは正しいと私は考えているが、この制度的事実が金融システムという管理システムによって支えられているということをもっと強調すべきだろう。堅固な管理システムがあってはじめて、銀行に貯蓄することや株取引が可能になる。このように、経済活動を保障するものとして、金融に関わる管理システムがあることがわかる。

実際、株の取り引きや仮想通貨の使用においては、管理システムによるデータ管理が決定的な役割をはたしている。通貨の管理システムへの信頼がなければ、その通貨への信用は失われ、流通しない。そして、このような管理システムを支えているのは関係者たちによって厳密に順守される規範体系である。銀行などの金融機関には、義務の順守が徹底的に求められる。これが守られなければすぐに、規範体系に対する違反者たちは訴えられ、横領などの犯罪として裁かれることになる。そして現代における経済活動も、株取引や金融的支援と結びついているため、堅固な管理システムを前提に成り立っているのである。

現代においてはデジタル化が進み、仮想的現実とそれまで受け入れられてきた現実理解が入り乱れている。そしてデジタル化の進行は、データ管理を以前にもまして重要なものにしている。現代では、物的媒体の存在は経済活動に必須なものではなくなり、信頼のおけるデータ管理が経済活動の前提になりつつある。

第十章　共生の実践哲学

本章では、第Ⅱ部でのここまでの議論を踏まえて、〈共によく生きる〉ことを目指す共同体について考察する。共生の実践哲学は、〈共によく生きる〉ことを目標とした実践哲学である。

1　共生の意味と実践

この節では、〈共によく生きる〉ということで何が意味されているかを明らかにしておきたい。人間は、完全な孤独の中で生き続けることはできない。人は、乳児として生まれてすぐに両親などの養育者の世話になり、高齢になって一人で生きられなくなったときには介護者の世話になる。学校では教師に教えてもらい、職場では熟練社員に仕事を教えてもらう。こうして、人は他の人々と共に生きているが、〈共によく生きる〉ことによって個人の幸福と自己実現も可能になる。

共生の実践哲学

ここでは、本書における共生の実践哲学の主張をあらためてまとめておきたい。

（1a）〔共同体の形成〕共生（つまり、〈共に生きる〉こと）を可能にしているのは、動的〈信念・欲求・義務〉論理学によって描かれるような能力を持つとともに自由意志を持つような複数の人間である。そして、このような人たちが軸となって共同体が形成される。

（1b）〔共同体の形而上学的位置づけ〕共生は、共同体の中で生まれる。共同体は複数の個人を部分として含んでいる。そして、共同体は個人と存在論的に同等に根源的である。つまり、複数の個人から共同体が成り立っていると考えることもできるが、共同体を人間単位で分割して個人が捉えられると考えることもできる。これは、動物の身体がそれを構成している諸細胞と存在論的に同等に根源的であると考えるのと同じことである(1)。

（1c）〔欲求の共有〕〈共によく生きる〉ことは、共同体の構成員たちが目指すことができる状態のひとつであり、彼らによって共有される欲求の対象である。

（1d）〔共有される規範体系〕〈共によく生きる〉ことは、共同体の構成員たちがこの目標実現のために受け入れる適切な規範体系の順守によって実現される。

（1e）〔役割分担〕共同体内部では、共同体の存続を支えるような形で構成員の間に役割が分担される。これらの役割は、その役割特有の義務と結びついている。そして、この役割分担は共有される規範体系によって表現できる〔本書第九章第1節〕。

（1f）［生の充実］個人が〈よく生きる〉ことは多くの場合、〈共によく生きる〉ことを実現させる過程で間接的に実現される。
（1g）［行為遂行とその帰結］共同体に属する個人の行為は、その共同体の規範体系が規定する許容空間の中から自由意志によってひとつの行為タイプを選択し、これを実行することによってなされる。そして、行為は自らの選択によって実行されるので、行為主体はその行為からの帰結を自ら引き受けなければならない。
（1h）［規範体系の修正］共同体の中で〈共によく生きる〉ことを継続させるためには、その目的にそうようにその共同体の構成員や役割分担や規範体系を随時修正していくことが必要である。

人類は社会的動物であり、原始的段階においては狩猟生活を営む共同体を形成していた。人類は個体としてはひ弱であるが、共同体を形成してグループで狩をし、獲物を分配し、役割分担を踏まえた共同生活を営むことで存続してきた。そして、このような原始的共同体では〈共によく生きる〉ことが目指されていた。共同体の中で互いに協力し合って生き延びることが、人類が種を存続させるためにとった戦略である。このように、〈共によく生きる〉ことは人類史を通じて追求されたテーマである。

共生の実践哲学によれば、〈共によく生きる〉という目標がまずありそれを実現していく過程で個々人が〈よく生きる〉ことが間接的に実現される［（1f）］。そしてこの考えは、原子的行為主体のみに行為主体を限定する個人主義的倫理観と対立する［（1b）］。

共生の価値

「なぜ、人を殺してはいけないのか?」、「なぜ、盗みをしてはいけないのか?」このような問いに正解はあるのだろうか？　確かに、殺人や窃盗を禁止する義務集合を持った規範体系を採用すればこれらの行為は禁止される。しかし、そのような規範体系を私たちはなぜ受け入れるのか？　この問いに対し、本書では次のように答える――「それらの行為を禁止する理由は、〈共によく生きる〉ことを実現するという共有された欲求を私たちが持っていることにある。言い換えれば、そのような規範体系をみなが受け入れることによって〈共によく生きる〉ことが実現すると私たちが思っており、〈共によく生きる〉ことを私たちが欲しているから、そのような規範体系をみなが受け入れるのである」。〈共によく生きる〉ことは、当然、ある共同体の中で〈共によく生きる〉ことを意味する。人々が〈共によく生きる〉のは、単なる偶然的な集団の中ではなく、システムとしての統一性を持つ共同体の中である〔(1b)〕。

自分に満足がいくように行為を実行することが〈共によく生きる〉ことを目指そうとする共同体の中の誰かを不幸にするなら、この行為の実行は控えなければならない。また、自分が行為を実行することでこの共同体の中の誰かに満足をもたらすなら、そのような行為は推奨される。だからこの共同体の中で、盗みをおかしてはならず、人を殺してはならない。というのも、盗まれた人は財産を失うことによって不幸になり、殺害された人は自分が幸福な時間を過ごす可能性を失うからである。こうして〈共によく生きる〉ことは、共同体の一部の人たちだけが幸福になり残された人たちが不幸になることを禁じる規範体系を要請する。また、「互いに助け合うことが推奨される」ということが、共同体内の人を満足させることになるので成り立つことになる。

ここで現れる共同体は、不特定な社会組織ではなく、〈共によく生きる〉ことを目指そうとする具体的な共同体である。共同体に帰属することをこのように強調する点に、功利主義やカントの義務倫理学と本書の立場との違いがある。しかし、同時にこの〈共によく生きる〉ことに基づく規範的要請は社会組織に相対的なものとなる。だから、世界国家が理想でしかない現時点では、共生の実践哲学は相対主義的傾向を持つことになる。(2) もちろん、普遍的要請も全人類を視野に入れることで共生の実践哲学を用いて表現できるが、それは内容の薄いものになってしまう。というのも、全人類は現時点において具体的な社会組織を形成していないからである。

多くの場合、行為主体にはこの共同体から分担された役割が課せられている（(1e)）。すると、その役割をはたそうと行動することで、〈共によく生きる〉ことに貢献できる場合も出てくる。例えば、料理人として働くことや漫才師として働くことも、自分が属する共同体の人々に癒しや生きることの充実感を与える活動かもしれない。

共生の階層

ここでは、人々が日常で行っている〈共に生きる〉ことの実践を、社会組織の規模の小さい方から大きい方へ向かって見ていきたい。また、〈共に生きる〉ことから〈共によく生きる〉ことに向かっての展開についても考察したい。

人は家庭に生まれ、学校に行き、多くの人は会社に勤め、結婚して新しい家庭を築き、退職して老後を暮らし、人生を閉じる。現代人の多くはこのように生活し、生涯を全うする。このように現代人は、自分の生涯でさまざまな社会組織に属することになる。

子どもは、両親から生まれ、通常、両親が子育てを行う。家庭の中で、家族は〈共によく生きる〉ことを目指すが、ときにはそれがうまくいかず、離婚や家出などが発生し、家庭が崩壊する。場合によっては、祖父や祖母が家庭の中にいて、両親を支援する。家族の中では、それぞれの能力に応じて役割分担がなされ、〈共によく生きる〉ことを実現しようと家族がそれぞれに活動するのが理想である。また、それぞれの家族の能力は時間の経過とともに変化していくので、家庭内の役割分担は変わり、家庭はその都度再編成されていく。子どもは育って独立し、祖父や祖母は高齢になり、介護が必要になってくる場合もある。このように、人間は誰も完全に独立して生きていくわけではなく、隣人と共に生きている。だから、〈共によく生きる〉ことは誰にとっても重要な人生の課題となる。

子どもは、学校に行くようになり、学校という社会組織に属すようになる。学校には明確な規範体系があり、在校中子どもはこの規範体系に従って活動することになる。学校では子どもは、決められた時間までに登校しなければならず、授業に出なければならない。こうして子どもは、学校が定める許容空間の中で楽しみの実現や自己実現を求めて行為選択して成長していく。

現代社会では、何らかの収入がないと生きていけない。そのため人は、学校を出た後、会社などに就職することになる。会社の存在意義は、人々が〈共によく生きる〉ことを支援することにあるだろう。会社が生産するさまざまな商品は、人々の生活の中で役立てられることで、人々が生きることを支える。また、農業従事者が育てる農産物は人々が生きていくのに不可欠な食物となる。

国家は、税金を集め、管理システムを維持するとともに、国民の生活を支援する。成人し収入を持つ国民は、納税や選挙などの義務と犯罪を犯さない義務を持つなどの内容を含む規範体系によって規定される許容空間内で行為し、そうすることによって国家を維持している。国家を支える管理システムの存在意義は、犯罪組織などを排除することによって国民が〈共によく生きる〉ことを支援することにある。

このように、社会組織は階層構造をなしている。そして、異なる階層の管理システム間で矛盾が起きないよう調整し、それぞれの階層で〈共によく生きる〉ことを実現することが、共生の実践哲学が求めることである。

2　共生と実存

〈共によく生きる〉と言うとき、この〈よく〉という言葉の意味の中には道徳的意味だけでなく、実存的意味も含まれていると私は考えている。つまり、ある共同体の中で〈共によく生きる〉ことが実現している場合には、その共同体の構成員全員が実存的に充足していることが要請される。

ケアの実践哲学

社会には、健常の成人だけではなく、乳幼児、障がい者、ケアを必要とする高齢者などがいる。その中には、一人だけでは生存を維持できない人もいる。家庭や国家などの社会組織には多様な人間が生きており、その中で〈共によく生きる〉ことが重要になってくる。共生の実践哲学は、このような多様な問題を扱うことができるという特徴を持っている。

ケアが実践される場面では、ケアする人とケアされる人という個別のシステム、および、それらを一体として考えたケアのシステムが現れる。〈共によく生きる〉ことを実現させるためには、これら三つのシステムがよい状態にあることが必要になってくる。特に、ケアされる人だけでなくケアする人も実存的観点からも充実していることがシステムの維持のためにも必要である。また、一人の人のケアに複数の人や団体が関わる場合も多い。このような場合には、一人のケアされる人を中心として機能するひとつのケアシステムをよい状態に保つことが重要になってくる。つまり、ケアシステムに含まれる人たちすべてが〈共によく生きる〉ことを実現しなければならない。そのためには、ケアに関わるそれぞれの人に合わせた適切なプランの作成が必要になる。

私は、論文「病と生きる」の中で正岡子規（1867–1902）の闘病生活について論じた〔中山 2020〕。ここでは子規を題材にして、ケアシステムと生活の関係について考察してみよう。子規は、学生時代に結核にかかり、これが悪化して一八九六年にカリエスとなり、自宅で闘病生活をおくることになる。すでに結核を患っていた子規は、一八九二年に日本新聞社に入社し、文芸欄を扱うようになっていた。そして、母の八重と妹の律とともに東京の根岸の借家で暮らした。このとき、生活費は子規の給料だけでまかなわれていた。カリエスになってからは身体の自由がきかなかったが、自宅で俳句と評論を執筆し、それを文芸誌『ホトトギス』や新聞『日本』で精力的に発表した。子規は、これらの文学活動を親しい文学仲間と共同で続けることになる。家庭の中では子規が世帯主であり、三人家族のシステムの責任者として決断を下していた。ケアシステムに関しては、子規はケアされる人であり、病気に関するケアは律が行い、家事は母と律で行っていた。子規は、家族と文学仲間の支援があり、短期間に日本の文学史に残る活動を続け、充実した人生をおくることができた。そして、妹の律や母の八重もそれぞれに満足のいく人生をおくることができ、〈共によく生きる〉ことができたのである。子規の文学活動は、律の支援がなければ不可能だった。この三人家族が一体となり、互いに配慮しながら生きることで、意味ある人生が可能となったのである。徳倫理学では、有徳な人の倫理的判断が重視される。しかし、たとえ有徳でない子規のような病人でも、周りの人たちの支えによって意味ある活動ができることを子規の事例は示している(3)。

ケアの問題の多くは、長い間、家庭内部の問題として扱われてきた。しかし、家庭がケアの問題を一手に引き受ける負担には相当のものがある。そこで現代社会では、ケアの一部を国家が支援する制度が徐々に整備されてきた。年金制度や保険制度〈健康保険、介護保険、失業保険〉がこのタイプの制度である。このような制度は、多様な人々が〈共によく生きる〉ことを支える国家の規範体系の一部である。

新型コロナウィルスとの共存

二〇二〇年は、新型コロナウィルス出現の影響によって世界中で混乱が起きた年だった。新型コロナウィルスの感染者には無症状の人もあるため、人々が勝手にふるまうことによって感染症が拡がるリスクが高まる。そして、新型コロナウィルスがある程度市中に広まっている状況では、〈共によく生きる〉ことは自分が感染しないことと同時に他の人に感染させないように行動することを意味する。また二〇二〇年四月七日に日本で緊急事態宣言が出されたときには、管理システムも強化され、飲食店などの営業時間の一時的制限などもなされた。

二〇二〇年四月頃にとられた新型コロナウィルスに対する対策で、欧米と日本では異なる点があった。欧米の対策では罰金などの罰則をともなう外出規制などを含む規範体系が制定された。これに対し、日本で制定された規範体系は罰則をともなわない行動指針だった。それでも日本の人々は、以前よりも限定された許容空間の中で行為選択をしていくことになった。そして、この感染症の拡がりを抑えるため、これまでの生活習慣を変えないといけなくなった。こうして、新しい生活形式を模索することがはじまった。私の場合には、繁華街に出かけることが減り、近所を散歩することが多くなった。

新型コロナウィルスとの共存は、マスク着用と手洗いの義務や三蜜（密閉・密集・密接）回避の義務を受け入れたうえで行動することを意味している。このことを、専門家たちの見解に基づいて私たちは受け入れるようになった。これは、事実に関する信念の変更と規範の改訂であり、メディアなどの情報伝達によって、この志向的状態の変更が日本国民全員に拡がることとなった。この状況を、本書での行為主体のモデルで表現すると、次のようになる。

（2a）〔信念1〕新型コロナウィルスの感染者が同一空間にいたならば、三蜜の状況では新型コロナウィルスが他の人に感染するリスクが高まる。

（2b）［欲求1］新型コロナウィルスに感染しない。
（2c）［義務1］三蜜を避け、人の近くではマスクをし、よく手洗いをする。
（2d）［共有されるBDO体系］日本国民の間で、信念1が共有信念となり、欲求1が共有欲求となり、義務1が共有義務となった。

しかし、この三蜜を避ける行動が徹底され、外出自粛が守られると、経済活動に影響が出てくることがわかっている。そこで、人々は妥協点を見出さなければならないことになってくる。

（2e）［信念2］感染防止策を徹底すると、一部の経済活動が停滞する。
（2f）［欲求2］経済活動を行い、生活費を確保する。
（2g）［共有されるBDO体系］新型コロナウィルスで経済的影響を受ける人たちの間で、信念1と信念2が共有信念となり、欲求1と欲求2が共有欲求となり、義務1が共有義務となっている。

欲求1と欲求2をともに限定なしに受け入れることは、（2g）に記述されるような志向的状態にある人たちに矛盾を引き起こす。このようなジレンマの中で二〇二〇年に活動した日本人たちは、〈共によく生きる〉ことを目指しつつ、実践的な判断を迫られることになった。

〈共によく生きる〉ことは、共同体の内部に位置する行為主体の視点から描かれる。そしてこのような視点は、共同体で受け入れられている信念体系や規範体系に依存することになる。

3　共生と内部からの視点

悪の起源

ある共同体にとって正しい行為とは、その共同体の存続を助長するような行為である。逆に、ある共同体にとって悪い行為とは、その共同体の存続を妨げるような行為である。二つの共同体が争うとき、判断主体が属する共同体が正義となり、敵対する共同体が悪となる。こうして、正義と悪に関する判断は判断主体がどの共同体に属するのかということに相対的になる。言い換えると、ある行為が正しいかどうかは、判断主体が属する共同体に受け入れられている規範体系に依存して定まることになる(4)。

裁判においても、合法性が争われ、合法とされたものが正義として社会組織に受け入れられる。オウム真理教のような過激な宗教集団においても、信者にとって正義とされていたものが教祖の逮捕後に信仰を捨てた者にとっては悪となる。

戦争においては、戦争中と戦争後で敗戦国において正義と悪が反転する。例えば、戦争中に正義とされていたものが戦後には悪として描かれる。このような現象は、第二次世界大戦で敗戦国となったドイツと日本で現れた。戦争中に総理大臣の地位にあった東条英機は、戦後に極東国際軍事裁判（東京裁判）で死刑判決を受け、一九四八年に処刑された。これは、戦争中の正義が戦後に悪と判定された例である。戦争に関わるこのような事象では、社会組織の中で受け入れられている規範体系に大きな転換が見られる。例えば日本では、大日本帝国憲法に代わって日本国憲法というまったく新しい規範体系が制定されることになった。

〈共によく生きる〉ことは、戦争前も戦争中も戦争後も、国家内部では人々によって目指されていたはずである。それでは、何が原因で日本は戦争へといたってしまい、多くの不幸な人々を生み出してしまったのか。人々が受け入れていた（事実に関する）信念集合と義務集合に問題があったと私は考えている。主権は国民に属するという国家論をルソーは構想したが、明治政府が採用したのは当時のドイツ型の立憲君主制だった。明治時代に制定された大日本帝国憲法では、主権は天皇にあった。明治、大正、昭和初期においてこの天皇を中心とした国家体制は改められることがなく、それが改められたのは敗戦によって外部から国民主権の国家体制が強制されたときである。

また明治から昭和初期の時代は、国家間における支配と従属の図式が国際的に成立していた時期でもある。この時期には、国家を超えた共生が目指されていなかったと言えるだろう。当時世界は、支配する国家と支配される地域に分割されていた。そしてその当時の日本は、支配する側に位置することを目指して行動を起こしていた。

悪の起源は必ずしも、極端な自己愛に帰することができない。むしろ悪の起源は、異なる共同体が自らの規範体系を絶対化し、この規範体系に従わない者たちを悪人と互いに規定しあうところにあると私は考えている。このような悪の現象は、宗教対立を起源としたさまざまなタイプの戦闘にも見ることができる。

文化的相対性と道徳の普遍性

〈共によく生きる〉ための具体的方策は、共同体の中ではぐくまれた文化によって異なっている。また、よく生きるための方法は周りの状況によって異なってくる。例えば、ガソリン車はガソリンが供給されない地域では無用のものとなり、そのような乗用車を用いた救援活動はこの地域ではできなくなる。このように、〈共によく生きる〉ことは、具体的共同体の中で生きることを前提としている。本書第三章第2節で見たように、ミルは思想・表現の自由を重視していた。このミルの考えに従えば、共同体の中で〈共によく生きる〉ことを保証するためには、この思想・表現の自由が権利として守られなければならない。ミルが指摘しているように、多様な思想が表現され、相互の批判がなされることによってより強靭な思想が育っていく。そう考えると、倫理学の中で唯一の正しい立場がいまだ決定されていないのも受け入れられるのではないだろうか。説得力があるように見える倫理理論もまた、他の観点から批判されていく。

動的〈信念・欲求・義務〉論理学に従えば、欲求を形成するためにも規範体系を形成するためにも事実に関する信念集合が前提とされている。このことが影響した歴史的事件はいたるところに見つけることができる。例えば、太平洋戦争中の大本営による戦争状況の発表が歪曲されていたことは、現在ではよく知られている。このような情報統制は当時、日本国内で事実に即していない規範体系を形成させることを招いただろう。結果として、この情報統制は日本国民が〈共によく生きる〉ことを困難にしたのである。

現在、世界の中にはさまざまな宗教活動が実践されていて、それに応じた個々の宗教的規範体系が影響力を持っている。また、宗教を持たない人も多い。それでも異なる思想や習慣を持つ人々の間で受け入れ可能な程度に限定された規範体系があるかもしれない。そのような規範体系は、普遍的ではあるが内容には乏しいものになるだろう。しかし、グローバルで内容的に希薄で基本的な規範体系とそれぞれの地域で承認されている詳細な規範体系を両立させることはできるだろう。だから、規範体系の基本的部分における一致で満足し、それぞれの文化的相違に互いに寛容であることが、平和を維持するための効果的戦略となるだろう。つまり、共生の実践哲学の立場に立つなら、グローバルな基本的道徳とそれと矛盾しない複数の文化相対的規範体系の両方を認めることが推奨される。

4　共生による持続

〈共によく生きる〉ことを目指して活動することによって、社会組織の持続や住みやすい環境の持続が可能になる。だから、持続可能な社会を実現するためには〈共によく生きる〉ことの実践が不可欠だろう。

経済活動の持続

個人として一時的に経済的に裕福になることを過度に追求して他の価値を無視するなら、他の人々や環境との衝突が起き、そのようにして達成される裕福な状態は長続きしないだろう。というのも、個人の経済活動はその人が属する社会組織の経済活動の一部にすぎないからである。そして、社会組織の経済活動はそれをとりまく環境の一部であり、環境の維持に配慮しなければならない。実際、工場の生産活動によって生じた工業廃水を無処理で環境に流したために周辺住民に水俣病を起こすなどの公害が報告されている。

また、利潤追求の結果として、国家の中で過度な経済的格差が生まれることもある。その結果として、国家の中に分断が起こり〈共によく生きる〉ことが妨げられることになる。〈共によく生きる〉ことが社会組織において存続していくためには、その社会組織自身の存続が条件となる。高度経済成長時代に国民の所得はほぼ一様に増大し、〈共によく生きる〉ことが日本である程度実現した。これに対し、日本のバブル時代には、株主は株価の上昇で利益を得たが、一般市民は地価の上昇でマイホームの夢を放棄しなければならなくなった。一部の人が利益を独占することが〈共によく生きる〉ことを妨げることは、明らかである。こう考えると、〈共によく生きる〉ことが共同体の経済的状態にも依存していることがわかる。例えば、太平洋戦争終了直前の日本においては〈共によく生きる〉ことは困難だったと言えるだろう。

そして、経済活動は法的規範の枠内で行われなければならず、これに違反した活動はとりしまりの対象となる。というのも、違法な経済活動は社会組織内部の健全な経済活動の存続をおびやかすからである。また、新技術を利用して健全な経済活動を妨げようとするサイバー攻撃のような活動は、社会組織存続のために法体系の改正によって防いでいかなければならない。

このように、〈共によく生きる〉ことの問題は、倫理学の枠を超えて、法体系や経済状態と関わっている。だから本書の議論は、倫理学ではなく、実践哲学に属する。そして、個人が正しく行動することだけではなく、〈共によく生きる〉ことを可能にする管理システムの確立が要請されることになる。国家の管理システムもひとつの社会組織だが、それは、立法、司法、行政、警察、地方行政などに関するさまざまな部分システムを持っている。そして、これらの部分システムのそれぞれに対して、国家の存続を可能にするのに適切な規範体系が制定される。

環境との共生

行為主体が環境の中に位置づけられているという存在論を、私は形而上学に関する著作で提案した〔中山 2019〕。この存在論によれば、人間も生態系の一部であり、人間の活動も自然界のプロセスの一部である。人間が生きることに不可欠な食料の多くは、自然に手を加えることで作られるものをもとにしている。海産物の捕獲・採取や農産物の生産は、持続可能な形でなされなければならない。自然環境も共同体の中に取り込むなら、環境がよい状態に保たれるように人間集団も努めることになるだろう。だから、自然環境と〈共によく生きる〉ことを実現するための規範体系が人間の共同体の側に作られることが望まれる。

人類は人工物を生産し、〈拡張された行為主体〉として活動することによってそれまでになかった規模の環境変化を引き起こしてきた。そのひとつが、地球温暖化という現象である。地球温暖化の影響は、気候変動と大規模災害の多発として私たちの身近にも最近現れている。また、地球環境を保持するための方策は、世界レベルで行われなければ効果が出ない。つまり、人類全体が継続して〈共によく生きる〉ために行動していかなければならない。

環境倫理学では、環境と人間の関係性を精確に記述することが重要になるだろう。そのための形而上学的前提として、私が提案したようなプロセス形而上学が適していると私は考えている〔中山2019〕。環境と人間という二つの対象が分離して存在しているのではなく、人間は環境の部分であり、地球環境は人間をその一部として含んでいる。地球環境を分析するときには〈超越的視点〉からの記述が必要であり、地球環境の変化に対処するときには〈内部からの視点〉から考察することが必要になる。

5　規範倫理学と共生の実践哲学

規範倫理学を代表する三つの立場がある。功利主義と義務論と徳倫理学である〔本書第五章第5節〕。これら三つの立場はそれぞれに説得的な面を持っている。この章では、なぜそのように見えるかを共生の実践哲学の立場から説明したい。

しかし、功利主義と義務論には、個人主義の前提からくる限界があると私は思っている。まず、これらの理論が社会組織の階層の問題を扱ってこなかったということを指摘できる。それにそこでは、個人の多様性や社会組織の中での役割の問題も扱われていない。

功利主義と共生の実践哲学

〈共によく生きる〉ことと功利主義者が唱える幸福最大原理との間には関係があるように思われる。というのも、すべての人が幸福であれば、〈共によく生きる〉ことが実現されているように思われるからである。しかし、ここには違いもある。このことを確かめるためにまず、功利主義の倫理観を確認しておこう。

（3a）〔功利性の原理〕その利益が問題となっている人々の幸福を増大させるかどうかの傾向によってすべての行為を是認または否認する。〔本書第三章（3b）〕

（3b）〔最大幸福の原理〕その利益が問題となっているすべての人々の最大幸福は普遍的に望ましい唯一の目的である。〔本書第三章（3g）〕

人々の幸福度が数値化できるという前提と考慮すべき人々の集団が一意的に定まっているという前提のもとでは、功利主義は明確な行動指針を与える理論となる。しかし、これらの前提は現実には充たされていない場合が多いように思われる。共生の実践哲学に従えば、行為の決定プロセスはジレンマを含んでいる場合もあり、必ずしも一意的なものではない。〈共によく生きる〉ことを目指してどの行為を選択すべきかについて、共同体内部で意見が一致しないことはよく起こることである。このとき共生の実践哲学は、よく協議するようにと共同体の構成員に勧めるが、そのような協議が合意形成を促す場合もあるだろう。幸福感や価値判断は固定的なものではなく、事実の確認や規範体系の選択による影響を受けるだろう。だからそれらは、協議を通して変化しうるものである。

本書第五章第5節で扱った功利主義への批判には、幸福主義に対する批判、帰結主義に対する批判、単純加算主義に対する批判という三つのものがあった。共生の実践哲学は、幸福主義も帰結主義も単純加算主義もとっていないので、これらの批判を逃れることができる。例えば、知識、友情、愛、勇気、健康、美などの幸福以外の内在的価値については、それらの価値が共同体で認められていれば、〈共によく生きる〉ための判断に用いられることになる。また、行為の評価について共同体で承認された規範体系が効力を持つので、行為の帰結以外の判断が行為決定に影響することになる。

次に、単純加算主義において前提にされている公平性と行為者中立性について考察しておこう。功利主義では行為者中立性が前提にされており、共同体の中での役割分担が考慮されていない。また功利主義では、いかなる個人も十分な能力を持ち平等なものと前提されている。共生の実践哲学には、このような前提はない。共同体の中には、健康な成人だけでなく、子どもや高齢者や障がい者などもいる。〈共によく生きる〉ことは、これら多様な人々を含めた共同体の中で〈よく生きる〉ことである。このような共同体の中では、人々は互いに助け合って生きる主体である。また、共同体の中で役割を持ち、その役割をはたすことで共同体に貢献している人もいる。このとき、人々の間の相互作用や志向的態度の共有も重要な役割をはたす。功利主義の倫理学が見落としがちなのはこのような人間の多様性である。

人間の幸福感は共に生活している人の幸福感と結びついており、個々人の幸福感は互いに独立ではない。また行為として、個人的行為だけでなく、集団的行為も考慮すべきだろう。しかし、これらのことを考慮すると、幸福感に関する判断は複雑になり、効用を適切に計算することが困難になると思われる(5)。

義務論と共生の実践哲学

共生の実践哲学は、義務論の一種と捉えることもできる。というのも、共生の実践哲学は規範体系が規定する許容空間の中で行為選択を行う行為主体を前提にしているからである。ただし共生の実践哲学では、規定される規範体系は多様なものであり、その規範体系の共同体による承認が決定的な役割をはたしている。この意味で、共生の実践哲学は実践理性を前提としたカントの義務論と大きく異なっている。

共生の実践哲学は、自由意志に基づいた行為選択を重視する理論である。また、義務に従って行為することとともに、規範体系によって定められた許容空間内部で自由意志に基づいて行為選択をすることが重要な役割をはたす。つまり、共生の実践哲学は義務とともに選択の自由を重視する。このような見解は、カントの義務論と対立する。カントの自由概念は、自然法則から独立なことを要請する。そして人間の場合、自由は定言命法に従うという形で現れるとされる〔本書第三章第3節〕。つまりカントによれば、自由な行為は定言命法によって選択の余地なく完全に規定されていなければならない。言い換えると、カントが言う自由は自発的に義務に従う自由である。

ここで、カントの道徳性の原理を確認しておこう。

（4）〔道徳性の原理〕君の意志の採用する行動原理が、つねに同時に普遍的な法則を定める原理としても妥当しうるように行動せよ。〔本書第三章（7・j）〕

例えば、「私は誰も殺してはならない」という行動原理を「すべての人は誰も殺してはならない」というように一般化するとき、この一般化は普遍的に妥当するように思われる。だから、「私は誰も殺してはならない」という行動原理は道徳性の原理を充たしており、「私はこの行動原理に従って行為すべきである」という結論が得られる。

本書第五章第5節で見たように、義務論に対しては義務の正当化に対する批判と義務の衝突に対する批判がある。そして、カントの義務論に対しては、道徳性の原理をどのように正当化できるのかという批判が問題となる。実際、道徳性の原理はカントの批判哲学全体を体系的に認める者に対してしか説得力を持たないだろう。

ところで、共生の実践哲学に対してもこの正当化に関する批判を向けることができる。共生の実践哲学は、どのような規範体系が共同体で承認されているかを重視し、それを正当化しようとしない。そこで、相対主義の批判を受けることになる。特定の規範体系がある共同体で正当化されるのは、その規範体系がその共同体で承認されているときである。だから、普遍性を持つような規範体系は、全人類に承認されるような内容を持つものでなくてはならない。この点で、そのような普遍的な規範体系は結果的にカントの道徳性の原理を充たすようなものとなるだろう。そしてそのような普遍的規範体系は、人類の存続を可能にするようなものということで正当化されることになる。

義務の衝突に関する批判は、共生の実践哲学にも適用できる。というのも、一人の人が異なる共同体に同時に属することができ、それらの共同体が互いに矛盾する規範体系を承認していることがあるからである。共生の実践哲学では、この矛盾の解消は道徳理論にではなく、行為主体に任せられることになる。規範体系の衝突の場面では、行為主体は二つの共同体のうちのひとつだけを優先しなければならない。そして、この決断から派生する帰結を自ら引き受けなければならない。この決断はときに実存的なものであり、その後のその人の人生の方向性を決定するようなものとなる。例えば、武器を手に敵兵と対面した兵隊が「人を殺してはならない」という道徳的要請に従って敵兵に殺されるか、「国を守らなければならない」という国家の義務に従って敵兵を殺すかは、この兵隊の決断にかかっている。そしてこの兵隊は、この決断の結果を自らに引き受けなければならない。

徳倫理学と共生の実践哲学

人の性格の中には、〈共によく生きる〉ことを支えるようなものがある。例えば、仁愛、誠実、共感などの性格や傾向性がこれに当たる。そしてこれらの性格は、徳と呼ばれるものとかなりの程度一致している。

〈よく生きる〉ことはもともと古代ギリシャ哲学のテーマだった。だから、共生の実践哲学と徳倫理学の間には連続性がある。しかし、適格な行為者説にしても行為基底説にしても、なすべき行為がどのように徳から導かれるかは明確ではない。これは、徳倫理学に特徴的な問題である。〈共によく生きる〉ことを支えるような性格と破壊するような性格がある。支えるような性格には、協調性、積極性、親切さ、従順さ、集中力の強さなどがある。これに対し破壊するような性格には、自己中心性、消極性、反抗性、無関心などがある。性格に関するこのような考察においても、共生の実践哲学は徳倫理学と連続している。

共生の実践哲学で重視されるのは、集団的行為である〔本書第九章第2節〕。集団的行為では、役割が割りふられ、その部分となる個人的行為に関する義務が生じる。この個人それぞれの義務は、必ずしも道徳的なものではないが、集団的行為を完了するという集団的欲求から生まれるものである。つまり共生の実践哲学は、義務に従って行為する能力を要請する。このように考えると、徳を通した人間の把握は集団的行為の問題について十分に分析しておらず、人間描写としてなお不十分なものと思われる。

共生の実践哲学の特徴

共生の実践哲学の根本テーゼは、次のようにまとめられる。

（5）［共生を通してよく生きること］共同体の中で〈共によく生きる〉ことを目指して人々が生きることによって、それぞれの個人にも〈よく生きる〉ことが間接的に実現される。

表10-1　著作の見取り図

領域	代表作	関連する著作
存在論と言語哲学	『言語哲学から形而上学へ』	『時間論の構築』 『言葉と心』 『現代唯名論の構築』
認識論と科学哲学	『パラダイム論を超えて』	『科学哲学入門』
実践哲学と社会の哲学	『共に社会を生きる人間』	『共同性の現代哲学』 『規範とゲーム』 『示される自己』

共同体の中で生きるとき、そこにはさまざまな選択肢がある。このとき、共同体の中で〈共によく生きる〉ことと両立するような自分の生き方を模索することを、共生の実践哲学は推奨する。このような見解は、個人を存在論的原子とみなし共同体をそれらの原子から構成される集合と捉える原子的存在論と対立する。そして、この個人主義的原子的存在論は近世の倫理思想の多くに前提されている。しかし共生の実践哲学は、共同体も個人と同列の存在論的身分にあるという形而上学的立場をとる(6)。この立場に立つと、共同体とその構成員の両方の視点から〈よく生きる〉ことについて考察する可能性が開けてくる。本書では、まさにこの可能性を追求してみたのである。

共生の実践哲学は、ある問題を明確化させる。それは、規範体系の文化相対性の問題である。この立場に立つなら、どのような規範体系を受け入れるかはどのような共同体に自分が属するかに依存してくることになる。すると、〈よく生きる〉ことの問題は安定した世界国家が成立するまで最終的には未解決のままとどまることになる。言い換えると私たちは、自分の周りに限定したところで〈共によく生きる〉という局所的解決で当面のところ満足しなければならないことになる。

この問題を、共生の実践哲学の不十分性として捉えることもできるだろう。しかし私は、このことは共生の実践哲学が現実の状況を精確に表現できる枠組みだからこそ現れる問題だと考えている。つまり、地球環境が生態系を大幅に変える可能性や核戦争の可能性を共生の実践哲学は分析することしかできず、それを回避する方策について考えてみることしかできない。しかし、それはいま私たちが直面している現実の問題であり、私たちはそれを回避する道を探り続ける以外にないのではないだろうか。

最後に、これまでの私の著作の見取り図を提示することで、本書を位置づけて締めくくりたい〔表10-1〕。

註

第I部

(1) 本書では、思想家の考察を、項目記号を用いて箇条書きに記す方法を多くとっている。そのとき、次のような形式をとる。

〔項目記号〕［小見出し］本文〔典拠〕

このうち小見出しは、内容把握を容易にするために私が付け加えたものである。また本文の箇所は、第1章のプラトンの対話篇のように簡潔な記述が困難な場合にはその内容を私がまとめている。しかし第I部の多くの本文の箇所では、典拠で記された部分からの引用が用いられている。ただしこのとき、内容を簡潔にわかりやすく統一的に伝えることに重点を置いて字句通りの引用になっていない部分もあることをお断りしておく。

第一章

(1) この概要では、加来（1974）を参考にしている。また、本書における『ゴルギアス』の関係箇所を示す数字とABCDEは、ステファヌス全集（H. Stephanus, *Platonius opera quae extant omunia*, 1578）のページ数および各ページ内のABCDEの段落づけとの対応を示している。

(2) このカリクレスの考えにニーチェは感激したと言われている〔加来 1974: p. 344〕。ニーチェの思想については、本書第四章第1節を参照のこと。

(3) 本書における『国家』の関係箇所を示す数字とABCDEは、ステファヌス全集のページ数および各ページ内のABCDEの段落づけとの対応を示している。

(4) この〈ノモスに反する欲求〉の議論は、私が提案する人間モデルとも関わってくる。私が本書第六章で提案する人間モデルでは、欲求と規範は対立しうるため、〈ノモスに反する欲求〉を優先する行為選択も可能だと捉えられている。

(5) 本書における『ニコマコス倫理学』の関係箇所を示す数字とアルファベットａｂは、渡辺邦夫・立花幸司訳の『ニコマコス倫理学』（2015/2016）に従って記されている。

(6) この〈抑制のなさ〉の問題については、本書第八章で私の解決案を提案する。

(7) ゴルギアスはシチリア島生まれだった〔加来 1974: pp. 341-343〕。そして、晩年にアテナイで暮らすようになった。

第二章

(1)「社会契約」という用語自体はルソーによって導入された〔田中 2006: p. 133〕。

(2)『リヴァイアサン』は、四部構成をなしており、第1部「人間について」、第2部「国家について」、第3部「キリスト教的国家について」、第4部「暗黒の王国について」から成っている。近代国家と国民の間に成り立つべき関係を記述するのが、この著作の主題となる。

(3) 本書における『リヴァイアサン』の関係箇所を示すページ数は、角田安正訳の『リヴァイアサン』（2014/2018）に従って記されている。

(4) 本書における『統治論』の関係箇所を示すページ数は、角田安正による『統治論』第2篇の翻訳『市民政府論』（2011）に従って記されている。

(5) ルソーが『社会契約論』で導入した「主権在民」や「一般意志」などの概念はフランス革命を担った人たちによって参照されている。そして、ルソーの思想は一七八九年の「人権宣言」に表現されている思想に影響を与えたと言われている〔増田 2007: p. 481〕。

(6) 本書における『社会契約論』の関係箇所を示すページ数は、中山元訳の『社会契約論／ジュネーヴ草稿』（2008）に従って記されている。

(7) ホッブズは、契約から義務が発生するということを前提にしている。この契約と義務の関係は、サールが彼の言語行為論の中で分析した事柄である。ちなみに、サールの著作については本書第九章第5

節で議論することになる。

（8）権限の概念は、本書第九章第1節で規定されることになる。

第三章

（1）『人間本性論』は、第1巻「知性について」、第2巻「情念について」、第3巻「道徳について」の3巻から成っている。

（2）本書では、「T.3.m.n」というような表記を「『人間本性論』第3巻第m部第n節」ということの省略として用いることにする。また、本書における『人間本性論』第3巻の関係箇所を示すページ数は、伊勢俊彦・石川徹・中釜浩一による翻訳の『人間本性論』第3巻（2012）に従って記されている。

（3）行為の理由を信念と欲求のペアに求めるデイヴィドソンの行為論は、動機づけのヒューム主義と親和的である。デイヴィドソンは、信念と欲求（「賛成的態度（pro-attitude）」とも呼ばれる）のペアを行為の主たる理由（primary reason）だと捉えている〔Davidson 2001〕。

（4）本書における『道徳感情論』の関係箇所を示すページ数は、高哲男訳の『道徳感情論』（2013）に従って記されている。また、「x.y.z」というような表記は「第x部第y篇第z章」を表している。例えば、「I.i.1」は「第1部 第1篇 第1章」を表し、「III.4」は「第3部第4章」を表している。

（5）スミスは、人間には自己愛だけでなく共感能力があることを指摘した。このことは、近年の脳科学におけるミラーニューロン（mirror neuron）の発見を先取りしているように見えるかもしれない。ちなみにミラーニューロンというのは、霊長類などの高等動物で自らが行動するときも他の個体が行動するときも同様に活動電位を発生させる神経細胞である。しかし、共感から道徳的規則の発生を説明するスミスの説明は不十分に思われる。また、スミスは義務を感情として捉えているが、本書第II部では義務が要請されているという信念を行為主体が抱くという立場がとられている。

（6）本書における『道徳および立法の諸原理序説』の関係箇所を示すページ数は、山下重一訳の「道徳および立法の諸原理序説」（1967）に従って記されている。

（7）本書における『功利主義論』の関係箇所を示すページ数は、井原吉之助による翻訳の「功利主義論」（1967）に従って記されている。

（8）本書における『自由論』の関係箇所を示すページ数は、斉藤悦則による翻訳の『自由論』（2012）に従って記されている。

（9）本書では、「KP.1.1.n」は「『実践理性批判』第一部第一編第一章第n節」を表し、「KP.1.1.3」は「『実践理性批判』第一部第一編第三章」を表している。また、本書における『実践理性批判』の関係箇所を示すページ数は、中山元訳の『実践理性批判』（2013）に従って記されている。そして、この翻訳は二巻で出版されているため、〔1〕で第1巻を表し、〔2〕で第2巻を表すことにする。

（10）メタ倫理学についてのここでの記述は、奈良（2018c: p. 159）を参考にしている。

第四章

（1）本書における『道徳の系譜学』の関係箇所を示すページ数は、中山元訳の『道徳の系譜学』（2009）に従って記されている。

（2）同様の考えを、私たちはフロイトの自我論に見ることができる〔本書第五章第1節〕。

（3）私のハイデガー解釈については、『時間論の構築』（2003）第2章第3節を参照のこと。

（4）本書における『ケアの本質』の関係箇所を示すページ数は、田村真・向野宣之訳の『ケアの本質』（1987）に従って記されている。

（5）本書における『倫理学』の関係箇所を示すページ数は、四巻本の和辻の『倫理学』（2007）に従って記されている。なお和辻の『倫理学』からの引用は、読みやすくなるよう私が変更を加えてある箇所を含んでいる。

第五章

（1）フロイトは、超自我のことを「自我理想（Ich-ideal）」とも呼んでいる〔p. 226〕。なお、本書における「自我とエス」の関係箇所を示すページ数は、中山元訳の「自我とエス」（1996）に従って記されている。

（2）ここでの議論は、拙著『規範とゲーム』（2011）の第五章第1節に基づいている。

（3）本書における『ファスト&スロー』の関係箇所を示すページ数は、村井章子訳の『ファスト&スロー』（2014）に従って記されている。

（4）フロイトが四〇歳になった一八九六年、フロイトの父は死んだ。フロイトは、父の死後一種のノイローゼ状態にあり、親友ヴィルヘルム・フリースの助けを借りて自らの精神分析を行い、この自己分析を通して自分を治療する体験をした〔小比木 1989; 中山 2012: p. 184〕。

（5）ヴィトゲンシュタインによれば、私たちは規則に盲目に従っている〔Wittgenstein 1953: パートI 第二一九節〕。

（6）この節での倫理学に関する記述は、『入門・倫理学』（赤林・児玉 2018）に基づいている。

第Ⅱ部

第六章

（1）アリストテレスの定言三段論法については、拙著『科学哲学入門』（2008）の第4章第1節で紹介したので、参考にしてほしい。

（2）フレーゲの意味論については、拙著『言葉と心』（2007）第1章と第5章で論じた。

（3）本書第八章で明らかになるように、この第六章では顕在的信念、顕在的欲求、顕在的規範的信念について議論されている。また顕在的志向性は、広い意味での信念に現れうるような志向的状態のことである。

（4）私は、規範体系論理学の改良を Nakayama（2013, 2014, 2016a, 2016b, 2016c, 2016d, 2017b）および中山（2015a, 2018）で提案してきた。なお、『規範とゲーム』の付録1にある（4 j）、（4 k）、（4 l）の帰結については、ひとつの条件が前件に欠けていたので、これを補充する必要がある〔中山 2011: p. 218〕。すなわち、（4 j）と（4 k）については、「$Q(a_1, \ldots, a_n)$がTから帰結しないなら」という条件が前件に欠けており、（4 l）については、「Q(a_1, ..., a_n)**でない**がTから帰結しないなら」という条件が前件に欠けていた。詳しくは、中山（2015a）の、一二八頁を参考にしていただきたい。

（5）サールの言語行為論は、Searle（1969, 1979）で構築されている。ちなみに、中山（2004）はサールの言語行為論に関する問題を批判的に検討している。

（6）「⇕」は、必要十分条件であることを表すメタ言語での双条件の記号であり、英語では「if and only if」、日本語では、「のとき、かつ、そのときに限る」と表現される。そして、「p ⇕ q」は、「pならばq、かつ、qならばp」と定義される。

（7）拙著『規範とゲーム』では「行為空間」という用語を用いていたが、本書では許容されている行為タイプの集合ということをより強調するために「許容空間」という用語を用いることにする。また、（1d）と（1e）から「pが**禁止されている** ⇕ pでないが**義務である**」、「pが**義務である**ならば、pが**許されている**」、「pが**許されている**ならば、pは**禁止されて**いない」が帰結する。

（8）BDO論理学とフロイトの自我論との関連を、私たちは見出すことができるだろう。欲求はエスにあたる部分であり、義務は超自我に相当する部分である。そして、事実に関する信念、欲求に関する信念、規範に関する信念とそれらを用いた推論は自我の活動に相当すると解釈することもできる。

（9）（2a）における［信念1］という記号は、「アリスは花子の唯一の姉である」という文の名前である。本書では、［信念i］や［欲求j］や［義務k］などの記号も同様に、下に続く文の名前を表している。

（10）（5i）と（5j）の表現で「A氏」という固有名を用いているのには理由がある。それは、「自分以外の人は泥棒をしない」と「A氏以外の人は泥棒をしない」の間にある重要な意味の違いと関係している。第一番目の文を含む義務集合では「自分だけには泥棒することが**許されている**」が帰結し、第二番目の文を含む義務集合では「A氏だけには泥棒することが**許されている**」が帰結する。そして、「A氏以外の人は泥棒をしない義務がある」はA氏以外の人は受け入れないだろうが、「自分以外の人は泥棒をしない義務がある」の方は誰もが受け入れる可能性がある。

(11) 本書では、この個人主義的存在論的前提を否定し、プロセス存在論（process ontology）の立場をとる。この節では、拙著『言語哲学から形而上学へ』（2019）に基づいてこの存在論的前提の問題について議論することになる。

(12) 融合体の存在に関する存在論の立場の区別については、Sider（2001）に対する監訳者による用語解説や中山（2019）第二章「部分全体論」を参照のこと。

(13) オーストリア出身のカール・ポパーは、両親がユダヤ人だったため、ナチス・ドイツから逃れてイギリスに亡命しなければならなかった。そのため、ポパーの批判的合理主義は、科学哲学の理論に限定されたものではなく、独裁者に対する批判の可能性を制度的に保証するような政治体制の必要を唱える政治理論も含んで展開されたものだった〔Popper 1945; 中山 2008: 第三章〕。

(14) カントの実践哲学においても、積極的倫理規定と消極的倫理規定に相当する区別がある。積極的倫理規定による義務はカントの不完全義務に対応し、消極的倫理規定による義務はカントの完全義務に対応する。完全義務は絶対的に妥当する義務であり、不完全義務は理性的存在者として課せられる義務である。不完全義務の例としては、善行の義務などがある〔堂囿 2018: p. 108f〕。

(15) イスラム教においても、スンニ派とシーア派の間の対立が古くからある。

第七章

(1) 一九六〇年代から共有知識（common knowledge）をめぐる問題が議論されてきた〔Lewis 1969〕。デイヴィッド・ルイス（David K. Lewis, 1941–2001）は「kがpと知っていると……jが知っているとiは知っている」というような階層的表現を生み出しうるものとして共有知識を定式化した。そのため、共有知識が現実に得られるものなのかが疑問視されることもあった。しかし、公的出来事（public

event）が推論能力を持つ集団の構成員たちによって直接的に同時に確認されるならば、それは共有知識の基盤となり、ルイスが与えた条件を充たすようなものになる。だから、共有知識は私たちの日常に実際に出現していることを示すことができる〔Vanderschraaf and Sillari 2014: sect. 4〕。野球のスコアボードなどへの記録の記入はこの意味での公的出来事であり、野球のプレイヤーと観戦者集団の共有知識を生み出すための装置となる。

（2）動的規範体系論理学を用いてゲーム体系を記述した論文や研究発表には、中山（2015a）や Nakayama（2013, 2016a, 2016d, 2017b）などがある。

（3）寛容の原則というのは、「言明の解釈にあたって話者が自分とだいたいにおいて同じ事がらを真と信じていると仮定せよ」という原則である〔Davidson 1984; 中山 2007: p. 56〕。

（4）生活形式（Lebensform）の一致について、ヴィトゲンシュタインは『哲学探究』で次のように述べている――「『それでは君は、人間の間の一致が、何が正しく、何が間違いなのかを決めるというのか？』――正しい、間違っている、とは人間が語ることだ。そして言語において人間は一致している。それは意見の一致ではなく、生活の形（Lebensform）の一致だ」〔ウィトゲンシュタイン 2020: パートI 第二四一節、p. 187〕。

（5）高次機能障害の人や自閉症の人のように、一般の人々とどこかで判断が一致しない人たちも確かにいる。しかしこの人たちは、規範維持の中心には位置せず、共同体における規範体系維持に影響をおよぼさない。

（6）ヒラリー・パトナム（Hilary W. Putnam, 1926–2016）は、「言語的分業」という語を導入して、ある種の用語に関してその使用法を規定する専門家集団の存在を指摘した〔Putnam 1975; 中山 2007: 第八章第3節〕。つまり、それらの用語の使用が正しいかどうかは、一般の話者の判断によってではなく、その用語使用に責任を持つ専門家集団の判断によって決定される。

第八章

（1）このような現象は、アリストテレスが〈抑制のなさ〉として議論していた問題と重なる〔本書第一章第3節〕。

（2）本書では抑圧を、潜在的集合に含まれる特定の信念や欲求や規範が顕在化しないようにさせる内的圧力と捉えている。フロイト自身は、論文「抑圧」(1915) で、抑圧の本質は意識されたものの拒否と隔絶にあると述べている――「すると抑圧の条件となるのは、不快の動機が、満足の快感よりも強い力を獲得することにある。さらに転移神経症の精神分析の経験から明らかになったことは、抑圧は原初的に存在している防衛メカニズムではないこと、意識的な心の活動と無意識的な心の活動の明確な分離が行われる以前には、存在しえないこと、抑圧の本質は、意識されたものの拒否と隔絶だけにあることである」〔フロイト 1996: p. 53〕。

（3）この節で後に論じることになるアンナ・Oの事例が、この〈事実の変更〉に当てはまる。

（4）この図式で、ｑのところに〈ｒでない〉を代入すれば「ｐならばｒでない」が信じられ、ｒが欲求されているケースも扱える。同様に、ｐのところに〈ｒでない〉を代入すれば「ｒでないならばｑ」が信じられ、ｒが禁止されているケースも扱える。

（5）ここでのパッペンハイムの生涯についての記述は、Borch-Jacobsen (2012) に基づいている。

（6）私はドイツで一九七〇年代末から一九九〇年代にかけて、さまざまなアルバイトを学生時代に経験した。そして一九八〇年代末から一九九一年まで、ドイツの大企業に研究者として就職した経験を持っている。そこでの経験から、ドイツでは同一労働同一賃金の制度が徹底しているとともに、労働者に多くの権利が認められているという印象を持った。日本に比べると、アルバイトの賃金は高い。そして、企業に就職した場合には、若いときから給料は高く、その後同じ仕事をしている場合には給料はあまり上がらない。また、有給休暇は長く、ほぼ自由な時期にとれ、自分の生きていくスタイルに合わせて仕事の方を調整することが可能だった。つまり、会社に自分を合わせるのではなく、自分に合わせて会社の中での自分の働き方を決めていくというスタイルをとることが許されていた。

第九章

（1）BDO論理学で事実に関する信念と言うときの事実には、物理的事実だけでなく、内省的事実や社会的事実も含まれている。

（2）共有された信念が、社会的事実として必ずしも認められない例として影武者について考えてみよう。ある影武者が将軍だと誤って多くの人に信じられていても、その人物は将軍ではない。それは、その影武者が規範体系に記されている将軍であることの定義的規定を充たしていないからである。実際、将軍は宣言によって導入されるが、その影武者は将軍であることを宣言されていない。

（3）これは、サールが「制度的事実」と呼んだものに近い特徴づけである。サールの制度的事実は、制度を前提に成立するような事実である〔Searle 1995: p. 27; 中山 2004: p. 119f〕。しかし、規範体系を用いた本書での特徴づけはサールのものよりも詳細で具体的である。またサールは後に、制度的事実と地位機能は同じ外延を持つという見解にいたっている〔サール 2018: p. 31f〕。

（4）「Rの役割を持つ者がXをすることが許されている」は、「（すべての人について（その人がRの役割を持つならばXをする））ことが許されている」と明確化できる。同様に、「Rの役割を持たない者にはXをすることが禁止されている」は「（すべての人について（その人がRの役割を持たないならばXをしない））ことが義務である」と明確化できる。

（5）本書第二章第2節で見たように、所有権の重要性を指摘したのはジョン・ロックだった。

（6）〈拡張された行為主体〉については、本書第六章第4節で詳しく議論されている。

（7）中山（2018）は、Nakayama（2016c）で提案された形式的体系に基づいて法哲学に関する議論をさらに深めた論文である。

第十章

（1）ここでの議論は、中山（2019）第四章で提案されたプロセス存在論が前提となっている。

（2）本章第3節で展開される悪の起源についての考察に現れているように、共同的実践の相対主義的傾向は私たちが現在直面している問題の一部を生み出している。

（3）子規は情に厚い人だったが、有徳な人ではなかった。子規の友人であった夏目漱石がそのような子規の姿を描いている――「大将は昼になると蒲焼を取り寄せて、御承知の通りぴちゃぴちゃと音をさせて食ふ。それも相談も無く自分で勝手に命じて勝手に食ふ。まだ他の御馳走も取寄せて食ったやうであったが、僕は蒲焼の事を一番よく覚えて居る。それから東京へ帰る時分に、君払って呉れ玉へといって澄まして帰って行った。僕もこれには驚いた。其上まだ金を貸せといふ。何でも十円かそこら持って行ったと覚えてゐる。それから帰りに奈良へ寄って其処から手紙をよこして、恩借の金子《きんす》は当地に於いて正に遣ひ果し候とか何とか書いてゐた。恐らく一晩で遣ってしまったものであろう」〔談話「正岡子規」明治四一年、坪内 1991: p. 54〕。

これは、明治二八年に子規が静養のために松山に帰り、漱石の下宿に同居していた当時のことを漱石が回想したものである。この回想で「大将」と呼ばれているのはもちろん子規のことである。この当時の子規の月給は三〇円であり、これで母と妹とともに借家住まいをしていた。漱石の松山の愛媛県尋常中学校での月給は八〇円だった。子規は、自分に比べて漱石が裕福であることを知っていただろう。ちなみに、漱石は松山に一年間滞在しただけで、明治二九年四月に熊本・第五高等学校に転任（月給百円）している〔神野 2018: p. 234〕。

（4）だから、判断主体が二つの共同体のどちらにも属さないときには、正義と悪の判断は一義的ではなくなるだろう。

（5）共生の実践哲学は、規則功利主義と親和的な面を持っている。というのも、規則功利主義は最大幸福原理に基づいて行為決定の指針となる規則を受け入れるからである。そして共生の実践哲学に従えば、共同体の構成員たちは〈共によく生きる〉ことを実現するために特定の規範体系を受け入れる。

（6）ここでは、中山（2019）第五章で提案されたプロセス形而上学が前提となっている。

あとがき

分析哲学の中で、論理学のような理論的枠組みを基盤にして哲学的考察を展開した哲学者たちは多くいる。フレーゲ、ラッセル、初期ヴィトゲンシュタイン、カールナップ、ポパー、クワイン、デイヴィッド・ルイス、クリプキ、プライアー、カプラン、ダメット、デイヴィドソンなどをそのような哲学者としてあげることができる。本書も、動的〈信念・欲求・義務〉論理学という理論的枠組みを基盤にして、実践哲学の問題を記述・分析することを目指したアプローチである。

本書は、僕が二〇年ほど追求してきた問題についての現時点での到達点を示している。それは、社会的事実、社会組織、集団的行為などの関わる問題群に対する考察であり、『共同性の現代哲学——心から社会へ』(2004)、『規範とゲーム——社会の哲学入門』(2011) などでは、そのときどきでの僕の考えが表されている。また、ここ十年ほど国際会議などを中心に研究発表を行い、本書ではその成果が反映されている。

本書の基礎となる動的な論理学の枠組みを構想する際に影響を受けた論理学者・哲学者たちがいる。それは、ペーター・ゲルデンフォース（Peter Gärdenfors, 1949– ）、ハンス・カンプ（Hans Kamp, 1940– ）、ヨハン・ファン・ベンタム（Johan van Benthem, 1949– ）である。ゲルデンフォースは、スウェーデンのルンド大学の教授であり、『流れの中の知識』（*Knowledge in Flux*, 1988）や『概念空間』（*Conceptual Spaces*, 2000）などの著者であり、信念更新の理論や認知能力の形式的記述を研究していた。僕は、一九九八年十月に客員研究員としてルンド大学に十日ほど滞在し、お世話になった。またハンス・カンプはオランダ生まれの論理学者・哲学者だが、彼がドイツのシュトゥットガルト大学の教授だったときに一九九八年十月半ばから六週間ほど客員研究員として滞在してお世話になった。ハンス・カンプはディスコース表示理論という動的意味論の提唱者であり、哲学・論理学・言語学・情報処理などの領域を横断して研究を展開した。動的意味論に関する考察を深めるために、僕はハンス・カンプの著作を詳しく読んでいた。そして、ファン・ベンタムは様相論理学や動的論理学の研究で有名なオランダ生まれの論理学者・哲学者であり、アムステルダム大学およびスタンフォード大学で教えていたが、北海道大学教授だった山田友幸氏の友人であり、北海道大学で開かれた国際会議International Workshop on Philosophy and Ethics of Social Reality（SOCREAL）を支援していた。ファン・ベンタムは、非常に優れた論理学者だが、ユーモアにあふれる講演が得意である。僕もSOCREALで規範体系論理学や動的規範体系論理学に関する研究発表を行ったが、ファン・ベンタムからはその後の研究に役立つ貴重なコメントを多くしていただいた。

またこの機会に、論理学者・情報工学者の緒方典裕さんに触れておきたい。論理学者、哲学者、言語学者、情報工学者が集まって自然言語の形式的研究に関して研究発表を行うLogic and Engineering of Natural Language Semantics（LENLS）という国際会議がある。緒方さんは、この国際会議を構想し現実化した研究者であり、二〇〇八年に病死している。緒方さんが大阪大学言語文化研究科の助教授になった後、言語学者の藪下克彦さんと僕に声をかけて研究会を開くようになった。そして、緒方さんが人工知能学会に企画案を出して、LENLSの国際会議を毎年開催するようになった。この国際会議は現在まで着実に発展してきたが、最初の頃のLENLSの大会運営は緒方さんの個人的熱意に負うところが多かった。僕の動的論理学に関する研究のいくつかもこの国際会議で発表したものである。

さらに、グルーバルCOEプログラム「認知脳理解に基づく未来工学創成」（2009-2014）では、大阪大学のロボット研究者の石黒浩先生と浅田稔先生、そして、脳科学者の苧阪満里子先生にお世話になった。このプロジェクトの関連で出版された著書『認知神経科学ロボティックス（Cognitive Neuroscience Robotics）』（2016）に僕も分担執筆で論文を書かせていただいた。本書の背景には、このような研究活動と出会いが隠されている。

私事になるが、昨年二月に母が亡くなった。九八歳だった。元気だったので百歳まで生きそうだと思っていたが、周りの人が気づかないうちに静かに亡くなっていたようである。母は長いこと施設に入っていたが、僕はよく妻とともに母を訪ねていた。母と主に会話していたのは、僕ではなく妻の方である。また、母の世話役になっていたのは僕の姉である。姉が父の商売を継ぎ、両親の生活を支えていたので、京都大学卒業後に僕が自由に生きることができた面もあると思う。

僕がしたことで、母が大変喜んでくれたことがある。それは、母が俳句同人誌などに発表した句を僕が編集して、『句集　花大根』（中山志げ、2005）として製本し、知り合いや親戚の人たちに配ったことである。その中に僕が現れる次の句がある。

五年ぶり帰国の息子冷奴

実は、五年ぶりではなく、僕はドイツに滞在して最初の七年半ほど日本には帰っていなかった。僕が自由に生きることができたのも、周りの人たちの支えがあってのことと、今は感謝することができる。最後に、本書の出版を可能にしていただいた編集担当の土井美智子さんに今回も感謝したい。

二〇二一年四月

中山康雄

人名索引

あ 行

アリストテレス　v, vii, 3, 18-24, 26-28, 47, 130, 140, 179, 183, 189-190, 192, 259, 263
ヴィトゲンシュタイン　vii, 98, 173-174, 176, 201-202, 259, 262
オースティン　170

か 行

カーネマン　112, 114-115, 118
カミュ　84, 87
カント　vi, 51, 63-64, 66-69, 72-75, 122, 144, 150, 213, 233, 249-251, 261
キルケゴール　vi, 75-78, 86, 97-98, 199
クセノフォン　3
クリプキ　176
グロデック　105
ゴルギアス　4-5, 11-12, 25, 255-256

さ 行

坂上雅道　111
サール　viii, 100, 132, 165, 169-171, 224-227, 256, 260, 264
サルトル　vi, 75-76, 81-84, 98
スミス, A.　vi, 52, 54-56, 70, 118, 188, 257
スミス, M.　53
ソクラテス　v, 3-12, 21, 25-26, 28, 199

た 行

ダーウィン　106
田辺元　90
デイヴィドソン　54, 176, 257
ディルタイ　97
デカルト　116
ドウ　111
ドゥオーキン　219-220
トゥオメラ　100

な 行

夏目漱石　265
西田幾多郎　90
ニーチェ　vi, 75-76, 78, 80-81, 97, 105, 255

は 行

ハイデガー　vi, 75-76, 81-82, 84, 88, 90, 97-98, 258
ハチソン　51
パッペンハイム　197-198, 263
ハート　219
パトナム　262
ヒューム　vi, 52-53, 69-70, 129, 188, 257
フッサール　97-98
プラトン　v, 3-4, 12, 14-18, 26, 28,

32, 141-142, 255
フレーゲ　130, 202, 259
ブロイアー　197-198
フロイト　vi, 101-103, 105, 116-118, 186, 192-194, 197, 258-260, 263
ヘーゲル　75-77, 90, 97
ベンサム　vi, 57-59, 71-72, 114, 120
ホッブズ　v, 29-30, 32-36, 38, 40, 42-43, 45-48, 68, 71, 222-223, 256
ポパー　62, 261

ま　行

正岡子規　236-237, 265
ミル　vi, 57, 59-62, 72, 120, 140, 148, 242
メイヤロフ　vi, 84, 86, 99
モーゼ　149-151

や　行

ヤスパース　75-76, 98

ら　行

ラッセル　202
ルイス　261-262
ルソー　v, 29, 43, 45-46, 48-49, 222, 241, 256
レーヴィット　77
レヴィナス　98
ロス　122
ロック　v, 29, 38, 40, 42, 45, 47-48, 71, 151, 222, 264

わ　行

和辻哲郎　vi, 88-94, 96, 100, 258

事項索引

あ　行

意志の弱さ　vii, 47, 179, 189–191
エス　vi, 101–105, 116–118, 181, 186, 192–194, 258–260

か　行

快楽　8, 12, 16, 20–21, 23–24, 57–60, 77, 80, 114–115, 120–121, 131, 142, 191
——主義　6–7, 10–12, 27–28, 47, 71–72, 78, 99, 117
拡張された行為主体　146, 164, 214–215, 245, 264
感情　21–22, 24, 52–55, 61, 69–70, 86, 130, 188–189, 191, 194, 257
——倫理学　vi, 51, 68–69, 188
管理システム　iv, viii, 163, 166, 168, 207, 210–211, 214–215, 217–219, 222–223, 226–227, 235, 238, 245
規範
——体系　iii-iv, vii, 69–70, 118–119, 123, 132–134, 143–144, 150–155, 157–160, 162–168, 173, 175, 177–178, 183–185, 189, 196–197, 199–200, 205–211, 215, 217–218, 222–223, 226–227, 230–232, 234–235, 237–238, 240–243, 245, 248–251, 253, 259, 262, 264–265
——倫理学　119–120, 246
義務論　vi, 63–64, 122–123, 125, 144, 225–226, 246, 249–250
共生　v, viii, 74, 229–233, 235–236, 240–241, 243, 245–254, 265
共同体　ii-iv, vii, 26, 41–42, 44, 80, 92–94, 96, 108, 123, 200, 208, 211, 229–233, 235, 240–242, 244–245, 247–253, 262, 265
許容空間　iii, 98, 118, 133, 137–138, 140, 146–147, 152, 155, 159–160, 162–164, 196, 199–200, 216, 219, 234–235, 238, 249, 260
ケア　vi, 84–87, 99–100, 118, 235–237, 258
ゲーム　ii-iv, vii, 48, 69–70, 119, 127, 132, 139–141, 153–155, 157–167, 173–175, 177–178, 199–201, 206–207, 210, 214, 253, 259–260, 262
言語——　vii, 173–175
チーム——　vii, 163, 165–166, 168, 205
権限　viii, 37, 48, 132, 165, 208, 210–211, 218, 257
言語行為　132, 169–171, 173, 225, 256, 260
憲法　95, 133, 206, 209, 218, 220–221, 241
幸福　6–7, 10, 12–13, 17, 20, 22–23, 26–28, 57–60, 65–66, 71–72, 85–86,

96, 99, 120-121, 197, 218, 229, 232, 247-249
功利主義　vi, 51, 57, 59-62, 68, 71-72, 114, 120-121, 125, 144, 233, 246-248, 258, 265
個人主義　vi, 30, 63, 72, 86, 88-89, 96, 100, 144-145, 147, 223, 231, 246, 253, 261
国家　v, vii-viii, 3, 5, 9, 12-15, 26, 29-30, 33, 36-38, 41-42, 44-45, 48, 80, 93-96, 141, 148, 210, 214-219, 222-223, 233, 235, 237, 241, 244-245, 251, 253, 255-256

さ　行

最高善　20, 31
志向性　100, 171, 186, 189, 193-194, 223-224, 259
自然法　33, 35-36, 38-39, 42, 71
実践哲学　i, iv-v, viii, 1, 18, 24, 51, 63-64, 68, 72-73, 122, 229-231, 233, 235-236, 243, 245-254, 261, 265
実存　iv, vi, 75 78, 81-82, 84, 86-87, 98-99, 119, 131, 152, 184, 186, 198, 200-201, 217, 226, 235-236, 251
——主義　vi, 75-76, 81-82, 84, 86-88, 97-98
社会
——契約　v-vi, 29, 38, 42-49, 71, 80-81, 94, 218, 222-223, 256
——組織　i, iv, vii-viii, 72, 81, 127, 129, 145, 147-148, 167, 183-184, 196, 205, 210, 214-217, 219, 226-227, 233-235, 240-241, 243-247
——存在論　viii, 33, 224, 226
——的事実　viii, 196, 205-211, 215, 226-227, 264
——の哲学　i, 253
自由意志　iii-iv, vii, 73, 98, 118, 123, 131, 135, 138-142, 146-147, 155, 159-160, 162, 173, 175, 187, 192, 215, 226, 230-231, 249
宗教　29, 77-78, 105, 146, 148-152, 199, 240, 242-243
集団的行為　iv, vii-viii, 129, 211-213, 249, 252
所有権　37, 40-42, 46, 48, 151, 209, 211, 218, 264
正義　ii, v, 5-12, 15, 25-26, 72, 96, 121-122, 124, 167, 219, 240-241, 265
存在論　viii, 94, 106, 144-146, 230, 245, 253, 261, 265

た　行

魂　6, 10-17, 19-20, 22, 25-26, 28, 142
超自我　vi, 102-105, 116-117, 192-194, 258, 260
道徳　ii, 1, 31, 36, 45-46, 49, 51-57, 59, 61, 63, 66-71, 73-74, 78-79, 81, 103, 105, 117-118, 121, 124, 130, 132, 184, 188-189, 235, 242-243, 250-252, 257-258
——感情　52-55, 130, 189, 257
徳倫理学　28, 123-125, 237, 246, 251-252

な　行

二重システム　110, 112, 114, 118
人間モデル　ii, v-vi, 3, 6, 11-12, 26, 47, 52, 54, 56, 67-69, 72-74, 81, 98, 101-102, 105, 114-115, 127, 139, 223, 255

は　行

部分全体論　144-147, 261
プロセス　107, 117, 145-146, 189, 212, 214, 245-247, 261, 265
法律　16, 42, 45, 49, 79, 132, 140, 157, 177, 209, 213, 216, 218-219, 221-222

や　行

役割　iii-v, viii, 30, 33, 42, 69, 86, 103, 109-110, 112, 118, 127, 129, 132, 145-148, 163-167, 180, 191, 193, 207-208, 210-211, 213-216, 218, 223, 226-227, 230-231, 233-234, 247-249, 252, 264
抑圧　102, 105, 117, 181-182, 192, 194, 263
抑制　v, 21-22, 27, 72, 112, 189, 191, 256, 263
四次元主義　145

ら　行

理性　13-19, 21-22, 24, 26-27, 34-36, 52-53, 63-70, 73-75, 97, 103, 117, 249, 258, 261
良心　56, 61, 70, 78-81, 105, 117, 209
論理学　ii-iii, 123, 129-130, 132-138, 141, 148, 153-155, 157, 160, 163-164, 166, 170-174, 179-180, 185, 187, 189-190, 202, 211-212, 230, 242, 259-260, 262, 264

文献一覧

赤林朗・児玉聡（編）（2018）『入門・倫理学』勁草書房．

天野正幸（2006）『正義と幸福――プラトンの倫理思想』東京大学出版会．

アリストテレス（2015/2016）渡辺邦夫・立花幸司（訳）『ニコマコス倫理学』光文社．

Austin, J. L.（1962）*How to Do Things with Words*, Harvard University Press（オースティン（2019）飯野勝己（訳）『言語と行為――いかにして言葉でものごとを行うか』講談社）.

Bentham, J.（1948）*A Fragment on Government and an Introduction to the Principles of Morals and Legislation*, Blackwell's Political Text（ベンサム（1967）山下重一（訳）「道徳および立法の諸原理序説」『世界の名著　38　ベンサム、J. S. ミル』中央公論社, pp. 69–210）.

Borch-Jacobsen, M.（2012）"Bertha Pappenheim（1859–1936）: Bertha Pappenheim, the Original Patient of Psychoanalysis", in *Psychology Today*, https://www.psychologytoday.com/us/blog/freuds-patients-serial/201201/bertha-pappenheim-1859-1936

Brandt, F.（1962）*Søren Kierkegaard (1813–1855): his life・his works*, translated by Ann R. Born（ブラント（1991）北田勝巳・北田多美（訳）『キェルケゴールの生涯と作品』法律文化社）.

Camus, A（1947）*La Peste*, Gallimard.

Davidson, D.（1984）*Inquiries into Truth and Interpretation*, Oxford University Press（デイヴィドソン（1991）野本和幸他（訳）『真理と解釈』勁草書房）.

――（2001）*Essays on Actions and Events*, 2nd ed. Clarendon Press.

Daw, N. D., Niv, Y., and Dayan, P.（2005）"Uncertainty-based Competition between Prefrontal and Dorsolateral Systems for Behavioral Control", *Nature Neuroscience*, 8, pp. 1704–1711.

堂囿俊彦（2018）「第 6 章　義務論」赤林・児玉（2018），pp. 105-125.

Dworkin, R.（1986）*Law's Empire*, Belknap Press（ドゥウォーキン（1995）小林公（訳）『法の帝国』未来社）.

——（2006）*Justice in Robes*, Harvard University Press（ドゥウォーキン（2009）宇佐美誠（訳）『裁判の正義』木鐸社）.

遠藤和朗（1997）『ヒュームとスミス——道徳哲学と経済学』多賀出版 .

Es Discovery（2004）「O. アンナの症例と精神分析の始まり」Copyright © 2004-2020 Es Discovery, https://www.esdiscovery.jp/knowledge/biblio/biography015.html

Freud, S.（1915）“Die Verdrängung”, *Int. Z. Psychoanal.*, 5（2），pp. 151-172（「抑圧」フロイト（1996），pp. 49-69）

——（1923）*Das Ich und das Es*, Internationaler Pschoanalytischer Verlag（「自我とエス」フロイト（1996），pp. 201-272）.

フロイト（1996）竹田青嗣（編）中山元（訳）『自我論集』ちくま学芸文庫 .

藤野寛（2007）「キルケゴール」須藤訓任（編）（2007）『哲学の歴史　第 9 巻——反哲学と世紀末』中央公論新社 , pp. 215-261.

Hart, H. L. A.（1961）*The Concept of Law*, Clarendon Press（ハート（1976）矢崎光圀（監訳）『法の概念』みすず書房）.

Heidegger, M.（1977）*Sein und Zeit*, in Gesamtausgabe vol. 2, hrsg. von F. W. von Herrmann.

Hobbes, T.（2003）*Leviathan*, Richard Tuck（ed.）（Revised Student Edition），Cambridge University Press（ホッブズ（2014/2018）角田安正（訳）『リヴァイアサン』光文社）.

Hume, D.（1739-1740）*A Treatise of Human Nature. Being an Attempt to Introduce the Experimental Method of Reasoning into Moral Subjects*, 3 Volumes, Book III ‘Of Morals’, London（ヒューム（2012）伊勢俊彦・石川徹・中釜浩一（訳）『人間本性論　第 3 巻　道徳について』法政大学出版局）.

Hursthouse, R.（1999）*On Virtne Ethics*, Oxford University Press（ハーストハウス（2014）土橋茂樹（訳）『徳倫理学について』知泉書院）.

Kahneman, D.（2011）*Thinking, Fast and Slow*, Farrar, Straus and Giroux（カーネマン（2014）村井章子（訳）『ファスト＆スロー——あなたの意思はどのように決まるか？』早川書房）.

加来彰俊（1974）「『ゴルギアス』解説」加来彰俊・藤沢令夫（編）（1974）『プラトン全集　9』岩波書店, pp. 339-367.

神野紗希（2018）『日めくり 子規・漱石——俳句で巡る365日』愛媛新聞社.

Kant, I.（1968）*Kritik der praktischen Vernunft*, Akademie Textausgabe, V, Walter de Gruyter（カント（2013）中山元（訳）『実践理性批判』光文社）.

菅豊彦（2016）『アリストテレス『ニコマコス倫理学』を読む——幸福とは何か』勁草書房.

キェルケゴール（2017）鈴木祐丞（訳）『死に至る病』講談社学芸文庫.

小比木啓吾（1989）『フロイト』講談社学芸文庫.

Kripke, S.（1982）*Wittgenstein on Rules and Private Language*, Harvard University Press（クリプキ（1983）黒崎宏（訳）『ウィトゲンシュタインのパラドックス』産業図書）.

Lewis, D.（1969）*Convention: A Philosophical Study*, Harvard University Press.

Locke, J.（2008）*Two Treaties of Government*, Peter Laslett（ed.）（Student edition）, Cambridge University Press（ロック（2011）角田安正（訳）『市民政府論』光文社）.

Löwith, K.（1995）*Von Hegel zu Nietzsche*, Felix Meiner（レーヴィット（2015）三島憲一（訳）『ヘーゲルからニーチェへ——十九世紀思想における革命的断絶』岩波書店）.

増田真（2007）「ルソー」松本澄夫（編）（2007）『哲学の歴史　第6巻——知識・経験・啓蒙』中央公論新社, pp. 431-484.

Mayeroff, M.（1971）*On Caring*, Harper & Row Pub.（メイヤロフ（1987）田村真・向野宣之（訳）『ケアの本質——生きることの意味』ゆみる出版）.

Mill, J. S.（1949）*Mill's Utilitarianism represented with a study of the English Utilitarians by John Plamenatz*, Basil Blackwell（ミル（1967）井原吉之助（訳）「功利主義論」『世界の名著　38　ベンサム、J. S. ミル』中央公論社, pp. 459-528.

——（1991）*On Liberty and Other Essays*, Oxford World Classics（ミル（2012）斉藤悦則（訳）『自由論』光文社）.

水野俊誠（2018）「第5章　功利主義」赤林・児玉（2018）, pp. 91-104.

中畑正志（2011）「ソクラテスそしてプラトン」神崎繁・熊野純彦・鈴木泉（2011）『西欧哲学史 I』講談社 , pp. 195–254.

中道正之（1999）『ニホンザルの母と子』福村出版 .

Nakayama, Y. (2013) "Dynamic Normative Logic and Information Update", T. Yamada (ed.) *SOCREAL 2013: 3rd International Workshop on Philosophy and Ethics of Social Reality, Abstracts*, Hokkaido University, Sapporo, JAPAN, pp. 23–27. http://eprints.lib.hokudai.ac.jp/dspace/handle/2115/55055

—— (2014) "Speech Acts, Normative Systems, and Local Information Update", Y. I. Nakano, et al. (eds.) *New Frontiers in Artificial Intelligence (JSAI-isAI 2013 Workshops, Kanagawa, Japan, Selected Papers from LENLS10, JURISIN2013, MiMI2013, AAA2013, DDS13)*, Springer, pp. 98–114.

—— (2016a) "Chapter 12 Norms and Games as Integrating Components of Social Organizations", H. Ishiguro *et al.* (eds), *Cognitive Neuroscience Robotics* B, Springer, pp. 253–271.

—— (2016b) "Justification of Actions and Shared Belief Revisions", *4th International Workshop on Philosophy and Logic of Social Reality (SOCREAL 2016)*, October 28th-30th, Hokkaido University, pp. 35–40. https://eprints.lib.hokudai.ac.jp/dspace/bitstream/2115/65209/1/SR2016_1.pdf

—— (2016c) "A Formal Analysis of Legal Reasoning", M. Nakamura, S. Sakurai, and K. Toyama (eds.) *Proceedings of the Tenth International Workshop on Juris-informatics (JURISIN 2016)*, November 14–15, 2016 Raiosha Building Keio University, Kanagawa, Japan, ISBN 978-4-915905-74-2 C3004 (JSAI), pp. 3–16.

—— (2016d) "Conversation as a Game", *The Proceedings of Logic and Engineering of Natural Language Semantics 13 (LENLS13)*, November 14–15, 2016 Raiosha Building Keio University, Kanagawa, Japan, ISBN 978-4-915905-78-0 C3004 (JSAI), 13 pages.

—— (2016e) "Cultural Ontology and Cultural Norms", *International Conference on Ethno-Epistemology* ~ Culture, Language, and Methodology ~, pp. 36–38.

—— (2017a) "An Ontological Analysis of the Relationship between a

Mother and her Child", *Osaka Human Sciences*, vol. 3, pp. 83–97（中山（2016b）の英訳）. https://ir.library.osaka-u.ac.jp/repo/ouka/all/60589/ohs_03_083.pdf
——（2017b）"Philosophical Basis for Dynamic Belief-Desire-Obligation Logic", *Kyoto Philosophical Logic Workshop III 2017. 9. 7–9, Kyoto University*. https://drive.google.com/file/d/0Bz6DSBj3ixUZU2Q0Q0gzaDN4Mnc/view
中山康雄（2003）『時間論の構築』勁草書房 .
——（2004）『共同性の現代哲学——心から社会へ』勁草書房 .
——（2007）『言葉と心——全体論からの挑戦』勁草書房 .
——（2008）『科学哲学入門——知の形而上学』勁草書房 .
——（2009）『現代唯名論の構築——歴史の哲学への応用』春秋社 .
——（2011）『規範とゲーム——社会の哲学入門』勁草書房 .
——（2012）『示される自己——自己概念の哲学的分析』春秋社 .
——（2015a）「明示的認識論理学と動的規範論理学」『大阪大学大学院人間科学研究科紀要』第41巻 , pp. 119–135. https://ir.library.osaka-u.ac.jp/repo/ouka/all/57258/hs41_119.pdf
——（2015b）「利他主義と共生に関する哲学的分析」『未来共生学』第2巻 , pp. 49–62. http://ci.nii.ac.jp/naid/120005622080
——（2016a）『パラダイム論を超えて——科学技術進化論の構築』勁草書房 .
——（2016b）「母子関係の存在論的分析」『大阪大学大学院人間科学研究科紀要』42巻 , pp. 291–307. https://ir.library.osaka-u.ac.jp/repo/ouka/all/57252/hs42_291.pdf
——（2018）「法適用の哲学的分析」『大阪大学大学院人間科学研究科紀要』44 巻 , pp. 167–185. https://ir.library.osaka-u.ac.jp/repo/ouka/all/68296/hs44_167.pdf
——（2019）『言語哲学から形而上学へ——四次元主義哲学の新展開』勁草書房 .
——（2020）「病と生きる——病と生の哲学的分析」山中浩司・石蔵文信（編）（2020）『病む』シリーズ人間科学 5 , 大阪大学出版会 , pp. 27–46.
奈良雅俊（2018a）「第 2 章　倫理理論」赤林・児玉（2018）, pp. 27–50.
——（2018b）「第 7 章　徳倫理学」赤林・児玉（2018）, pp. 127–146.

――（2018c）「第８章　実在論・認知主義」赤林・児玉（2018）, pp. 159-175.

Nietzsche, F.（1968）*Jenseits von Gut und Böse, Zur Genealogie der Moral*, Kritische Gesamtausgabe, hrsg. von Giorgio Colli und Marzino Montrinari, Walter de Gruyter（ニーチェ（2009）中山元（訳）『道徳の系譜学』光文社）.

納富信留（2017）『哲学の誕生――ソクラテスとは何者か』ちくま学芸文庫.

太田紘史（2019）「自由意志の概念を工学する　4－2 哲学の側からの応答」戸田山・唐（2019）, pp. 127-148.

プラトン（1974）加来彰俊（訳）『ゴルギアス』、加来彰俊・藤沢令夫（編）『プラトン全集　9　ゴルギアス、メノン』岩波書店, pp. 1-243.

――（1979）藤沢令夫（訳）『国家』岩波書店.

Popper, K.（1945）*The Open Society and its Enemies*, Routledge and Kegan Paul（ポパー（1973）武田弘道（訳）『自由社会の哲学とその論敵』世界思想社）.

Putnam, H.（1975）"The Meaning of Meaning", H. Putnam（1975）*Mind, Language, and Reality: Philosophical Papers*, vol. 2, Cambridge University Press, pp. 215-271.

Roussaeu, J.-J.（1964）*Œuvres complètes*, tom. III, Pléiade, Gallimard（ルソー（2008）中山元（訳）『社会契約論／ジュネーヴ草稿』光文社）.

坂上雅道・山本愛美（2009）「意思決定の脳メカニズム――顕在的判断と潜在的判断」『科学哲学』42-２, 日本科学哲学会, pp. 29-40.

酒井仙吉（2015）『哺乳類誕生　乳の獲得と進化の謎』講談社.

Sartre, J.-P.（1943）*L'Etre et le néant - Essai d'ontologie phénoménologique*, Gallimard.

澤田直（2008）「サルトル」鷲田清一（編）『哲学の歴史　第12巻――実存・構造・他者』中央公論新社, pp. 201-273.

Searle, J. R.（1969）*Speech Acts: An Essay in the Philosophy of Language*, Cambridge University Press（サール（1986）坂本百大・土屋俊（訳）『言語行為』勁草書房）.

――（1979）*Expression and Meaning - Studies in the Theory of Speech Acts*, Cambridge University Press（サール（2006）山田友幸（訳）『表現と意味――言語行為論研究』誠信書房）.

—— (1995) *The Construction of Social Reality*, The Free Press.

—— (2010) *Making the Social World: The Structure of Human Civilization*, Oxford University Press (サール (2018) 三谷武司 (訳)『社会的世界の制作——人間文明の構造』勁草書房).

Sider, T. (2001) *Four Dimensionalism: An Ontology of Persistence and Time*, Oxford University Press (サイダー (2007) 中山康雄 (監訳) 小山・斎藤・鈴木 (訳)『四次元主義の哲学——持続と時間の存在論』春秋社).

Slote, M. (2001) *Morals from Motives*, Oxford University Press.

Smith, A. (1790) *The Theory of Moral Sentiments*, London (アダム・スミス (2013) 高哲男 (訳)『道徳感情論』講談社学芸文庫).

Smith, M. (1994) *The Moral Problem*, Blackwell (M・スミス (2006) 樫則章 (監訳)『道徳の中心問題』ナカニシヤ出版).

杉本俊介 (2019)「行為の理由についての論争」蝶名林亮 (編) (2019)『メタ倫理学の最前線』勁草書房, pp. 101-126.

田中浩 (2006)『ホッブズ』清水書院.

戸田山和久・唐沢かおり (編) (2019)『〈概念工学〉宣言!——哲学×心理学による知のエンジニアリング』名古屋大学出版会.

坪内稔典 (1991)『正岡子規——創造の共同性』リブロポート.

柘植尚則 (2007)「イギリス道徳哲学」松永澄夫 (編) (2007)『哲学の歴史　第6巻——知識・経験・啓蒙』中央公論新社, pp. 309-334.

Vanderschraaf, P. and Sillari, G. (2014) "Common Knowledge", *The Stanford Encyclopedia of Philosophy*, E. N. Zalta (ed.), URL = <https://plato.stanford.edu/archives/spr2014/entries/common-knowledge/>

渡辺匠 (2019)「自由意志の概念を工学する　4-1 心理学の側からの問題提起」戸田山・唐沢 (2019), pp. 107-126.

和辻哲郎 (2007)『倫理学』岩波書店.

Wittgenstein, L. (1953) *Philosophische Untersuchungen* (P. M. S. Hacker and Joachim Schulte (eds.) (2009) *Philosophical Investigations*, 4th ed., Blackwell. ウィトゲンシュタイン (2020) 鬼界彰夫 (訳)『哲学探究』講談社).

山口厚 (2008)『刑法入門』岩波書店.

萬屋博喜 (2019)「ヒューム道徳哲学の二つの顔」蝶名林亮 (編) (2019)『メタ倫理学の最前線』勁草書房, pp. 45-68.

著者略歴

1952 年　静岡県に生まれる
1975 年　京都大学理学部卒
1987 年　ベルリン自由大学哲学部哲学博士（Dr. phil.）の学位取得
現　在　大阪大学名誉教授
著　書　『時間論の構築』（勁草書房、2003 年）
『共同性の現代哲学』（勁草書房、2004 年）
『言葉と心』（勁草書房、2007 年）
『科学哲学入門』（勁草書房、2008 年）
『現代唯名論の構築』（春秋社、2009 年）
『規範とゲーム』（勁草書房、2011 年）
『示される自己』（春秋社、2012 年）
『パラダイム論を超えて』（勁草書房、2016 年）
『言語哲学から形而上学へ』（勁草書房、2019 年）

共に社会を生きる人間　社会の哲学と倫理学

2021 年 6 月 20 日　第 1 版第 1 刷発行

著　者　中《なか》　山《やま》　康《やす》　雄《お》

発行者　井　村　寿　人

発行所　株式会社　勁《けい》　草《そう》　書　房

112-0005 東京都文京区水道 2-1-1　振替 00150-2-175253
（編集）電話 03-3815-5277／FAX 03-3814-6968
（営業）電話 03-3814-6861／FAX 03-3814-6854
三秀舎・松岳社

ISBN978-4-326-15476-0　　Printed in Japan

https://www.keisoshobo.co.jp

中山康雄　言語哲学から形而上学へ　四次元主義哲学の新展開　四六判　三五二〇円

中山康雄　パラダイム論を超えて　科学技術進化論の構築　A5判　三七四〇円

中山康雄　規範とゲーム　社会の哲学入門　四六判　三〇八〇円

中山康雄　科学哲学入門　知の形而上学　四六判　三三〇〇円

中山康雄　言葉と心　全体論からの挑戦　四六判　二八六〇円

中山康雄　共同性の現代哲学　心から社会へ　四六判　二八六〇円

中山康雄　時間論の構築　四六判　三〇八〇円

赤林朗・児玉聡編　入門・倫理学　A5判　三五二〇円

J・R・サール　社会的世界の制作　人間文明の構造　三谷武司訳　四二九〇円

菅豊彦　アリストテレス『ニコマコス倫理学』を読む　幸福とは何か　四六判　二五三〇円

＊表示価格は二〇二一年六月現在。消費税は含まれております。